公認心理師 ベーシック講座

内山登紀夫［著］

精神疾患と
その治療

講談社

序　文

　本書は精神医学を学ぶ心理系学部生，大学院生を想定して作成した。筆者は大学病院や都立病院などで臨床医と勤務したあと，福祉学科，臨床心理学科の大学教員となり，学部生と大学院生を対象に，精神医学や神経心理学，精神科リハビリテーション，発達障害関連の科目などを教えてきた。これらの医学系の科目を，医学生は医学部で学ぶ。心理学や社会福祉学の学生を対象にした精神医学などの教科書は，医学部で使用される教科書と同様の記述をやや平易かつ簡潔に記載したものが多い。心理学科や福祉学科の学生は医学部の学生のように解剖学や生理学，薬理学などの基礎医学を学んでいない。それは学部が違うのだから当然のことである。しかしながら，文系の学生向けの教科書には，基礎医学を学んでいないことを考慮していないような記述が多いように感じた。20年以上教員をしていると，学生がどの部分で混乱するのかがわかるようになる。また筆者は医療機関でも勤務しているので，心理学科や福祉学科を出た公認心理師，臨床心理士，精神保健福祉士などの非医療系学部の出身者の強みが何か，弱点は何かがわかってきた。本書では文系の学生がつまずきやすい点について丁寧に説明したつもりである。公認心理師試験の範囲を考慮したが，臨床心理士，社会福祉士，精神保健福祉士の試験対策にも役立つだろうと思う。しかしながら，試験はあくまで通過点である。本書は臨床の場で役立つことも強く意識している。医療機関での実習をする人は出会った事例が本書のどの記載に近いかを考えて欲しい。

　章末には参考になる文献を掲載した。文献には2種類あり，一つは読者の参考になり余裕があれば読んで欲しい文献である。選択の基準としては，日本語で読めて，入手が容易であまり分厚くない書籍を選んでいる。もう一つは情報の出所を示すための論文で，多くは英語であるが，これは別に読む必要はない。

　大学院などで事例を担当する場合，本書の内容を理解していれば，どのような情報が事例の理解のために必要か，ある程度見たてができるだろう。事例を深く理解するためには，ぜひ文献検索をしてより詳細で新しい情報を収集して欲しい。

臨床の現場でも役立つように記載したつもりである。現場に出てからも時々目を通して頂ければありがたい。

用語の問題についても一言触れておく。精神医学の臨床では用語が統一されていない。DSM-5の翻訳では様々な事情があり用語が一つではない。例えばAutism Spectrum Disorderの訳語は「自閉スペクトラム症」か「自閉症スペクトラム障害」が学会では採用されている。一方, 臨床の現場では「自閉症」「自閉症スペクトラム」「ASD」「AS」などの用語が混在して使用されている。「自閉症」と呼んだり記載したりしても, それは「間違い」ということではない。認知症についてもDSM-5に厳密に従えば「アルツハイマー病による認知症（DSM-5）」または「アルツマイマー病による軽度認知障害（DSM-5）」が正式の訳語であるが, 忙しい臨床場面や文書ではアルツハイマー病のように簡潔にいうのが通例である。本書の執筆時点でICD-11の正式の訳語は発表されていない。それによってさらに訳語が増える可能性さえある。読者は枝葉末節にとらわれず, 訳語や病名が違った場合, 実際は同じ疾患のことを言っているか, あるいは別の疾患のことなのか文脈も考慮して判断する必要がある。

最後になったが, 本書の刊行までは予定以上の時間がかかってしまった。編集者の㈱講談社サイエンティフィクの三浦洋一郎さんは粘り強く忍耐して出版をサポートして下さった。完成に至ったのは三浦さんのおかげである。ここに記して感謝したい。

2022年1月

内山 登紀夫

精神科の診断の特殊性

精神科の診断と分類に関して重大な問題は，通常の医学モデルに基づいた疾患・病気・障害の定義のように血液検査や画像検査などによる比較的客観的な指標に基づいた診断ができない，あるいはそぐわないことである。身体疾患の診断は症状だけでなく画像検査や血液検査，レントゲン検査や血圧検査などで，ある程度客観的に診断を下すことができる。例えば，高血圧は血圧計で計測された血圧が一定以上であることで診断されるし，糖尿病は血液検査で測定される血糖値が診断の重要な根拠になる。

しかしながら，精神疾患では，身体の疾患で血圧や血糖値に相当するものがない。したがって診断は患者の行動を観察し，患者と対話をしたり，患者に心理学的な検査をする過程で患者がどのような心的状態にあるのかを把握することが重要になる。

なぜ診断するのか？　DSM-5とICD-11

なぜ診断するのか？　それは支援のためであり，専門家や親同士のコミュニケーションのためでもあり，研究のためでもある。

日本をはじめ多くの国ではDSM（Diagnostic and Statistical Manual of Mental Disorders）というアメリカ精神医学会の診断基準が使用されることが多い（American Psychiatric et al., 2014）。現在の最新版は第5版（DSM-5）であり，2013年に発表された。DSM-5は理論によらないということが特徴の1つであり，いくつかの特徴的な行動特性を記述し，そのうち何項目以上があてはまれば統合失調症や自閉スペクトラム症と診断するというのが基本的な考え方である。

障害特性に応じた支援方法を考える際，またその支援方法を支援者同士で共有しようとする場合，さらには原因や障害の医学的・心理学的特性を研究する際，医学的・心理学的治療法を検討するような研究をする際には，対象となる特定のグループ（「臨床単位」と呼ばれる）の同定と，そのグループの認知特性や行動特性がある程度一致していること（均質性と呼ばれる），誰が考えても基本的に同じグループをイメージできること（再現性と呼ばれる）が最低限必要である。DSMの診断体系は異なる場で集められたデータ

を比較し，研究者・臨床家間のコミュニケーションを促すことが目的の1つで，現在に至っている。

ICDの基準と分類

DSM-5に加えて国際疾病分類（ICD：International Classification of Diseases）も使用される。これは1900年に第1回国際疾病分類（ICD-1の基準）が発表された後，改訂を重ねてきた。最新版のICD-11は2018年に公表され，日本をはじめWHO加盟国で使用されるだろう。本書の執筆時点で日本語訳は発表されていないが，発表されれば厚生労働省が管轄する医療や福祉領域ではICD-11の用語が用いられるだろう。

なお，ICD-10（精神および行動の障害：臨床記述と診断ガイドライン，2005）にはF0〜F9までのカテゴリーがあり，p.4の表のように分類されている。大きな枠組みとしてF0からF9の大カテゴリーがあり，その中にサブカテゴリーが記載される。例えば，「F3　気分（感情）障害」という大カテゴリーがあり，その中に「F31　双極性感情障害〈躁うつ病〉」のように具体的な診断名がある。

診断の方法

一般的な精神医学的診断は主訴（患者の訴え）を聞き，家族の情報や患者とのインタビュー，患者の表情や談話，立ち居振る舞いをみて患者の状態像診断を行い，その後，状態像から必要な検査を判断し，その検査を行い，診断を下すことになる。例えば，患者が不眠を訴えたとする。不眠を来す病気は，いわゆる不眠症に限らず，うつ病，統合失調症，不安障害などさまざまである。ASDやADHDでも不眠になることはある。精神科医は不眠の訴えを聞いたときに，いわゆる不眠症を想定するだけでなく，不眠を来しやすい色々な病気や障害を思い浮かべ，どの病気や障害だろうかと考えながら情報を集めて診断をしていく。患者は不眠だから睡眠薬をくれれば良いと思うかもしれないが，不眠だからという理由で，何も他の訴えを聞かず睡眠薬を処方することはない。

不眠はいつから始まったのか，寝付きが悪いのか夜中に目が覚めるのか，早朝に目が覚めるのか？　昼間は寝ているのか起きているのか，寝る時間はいつも一緒なのか，毎日ずれていくのかといったことが睡眠の質を判断するために必要な情報である。睡眠のことを一通り聞き終わったら，今度は気分

はどうなのか？　気分が落ち込んでいたり，やる気がでなければうつ病の可能性を疑うかもしれない。表情が乏しく，固い印象を受ければ統合失調症を疑って，被害妄想や幻聴について聞くかもしれない。このように精神科的診断がなされていく。

　いつから症状が始まり，今までどのような経過をたどってきたかという情報を「病歴」という。認知症の病気の始まりは通常は初老期以降であるし，比較的ゆっくりと病気は進行していく。統合失調症は急速に症状が悪化するタイプもあるし，ゆっくりと進行するタイプもある。うつ病は，一度良くなっても，しばらくして再発することがある。このように過去，どのように症状が変わってきたかを明らかにすることで，どんな病気なのかをある程度推測することができる。

　現在の状態を把握することも当然必要である。例えば，幻聴や被害妄想が明らかにある患者は幻覚妄想状態，うつ病の患者が元気がなく，気分が沈んでいて，やる気がでない状態であれば抑うつ状態と判断する。このような現在の状態を「現在症」という。現在症は患者との面談や診察室などの状態を行動観察することによって確認する。さらに自宅や会社などの日常の言動について家族や職場の同僚・上司などから聞き出す間接情報も活用する。

　幻覚妄想状態を例に挙げると，幻覚や妄想が生じる精神障害はたくさんある。例えば，統合失調症，薬物依存症，認知症，脳炎などである。精神科医は，患者の意識状態や現病歴，場合によってはMRIや脳波などの検査所見を参考にして精神科診断を下すのである。

　このようにして病歴，現在症，検査所見などの多くの情報を総合して精神医学的診断がなされる。発達障害が疑われる場合は発達歴について詳細に聞き出す必要がある。発達歴とは何歳で言葉を喋ったとか，何歳で歩いたかなどである。通常は1歳前後で話し出すので，初めて話したのが2歳や3歳ならなんらかの発達の障害があることが疑われる。

　医学一般に当てはまることであるが，精神医学でも「問診」による情報が診断や治療方針の策定に非常に重要である。

補助検査

　診断するための情報として検査をすることがある。精神科において実施する可能性のある主な検査は下記の通りである。医学的検査と心理学的検査に大別する。医学的検査としては血液検査，脳波検査，睡眠ポリグラフ検査，

表　ICD-10におけるカテゴリー

F0　症状性を含む器質性精神障害	F00	アルツハイマー病の認知症
	F01	血管性認知症
	F02	他に分類されるその他の疾患の認知症
	F03	詳細不明の認知症
	F04	器質性健忘症候群, アルコールその他の精神作用物質によらないもの
	F05	せん妄, アルコールその他の精神作用物質によらないもの
	F06	脳の損傷及び機能不全並びに身体疾患によるその他の精神障害
	F07	脳の疾患, 損傷及び機能不全による人格及び行動の障害
	F09	詳細不明の器質性又は症状性精神障害
F1　精神作用物質使用による精神及び行動の障害	F10	アルコール使用〈飲酒〉による精神及び行動の障害
	F11	アヘン類使用による精神及び行動の障害
	F12	大麻類使用による精神及び行動の障害
	F13	鎮静薬又は催眠薬使用による精神及び行動の障害
	F14	コカイン使用による精神及び行動の障害
	F15	カフェインを含むその他の精神刺激薬使用による精神及び行動の障害
	F16	幻覚薬使用による精神及び行動の障害
	F17	タバコ使用〈喫煙〉による精神及び行動の障害
	F18	揮発性溶剤使用による精神及び行動の障害
	F19	多剤使用及びその他の精神作用物質使用による精神及び行動の障害
F2　統合失調症, 統合失調症型障害及び妄想性障害	F20	統合失調症
	F21	統合失調症型障害
	F22	持続性妄想性障害
	F23	急性一過性精神病性障害
	F24	感応性妄想性障害
	F25	統合失調感情障害
	F28	その他の非器質性精神病性障害
	F29	詳細不明の非器質性精神病
F3　気分(感情)障害	F30	躁病エピソード
	F31	双極性感情障害〈躁うつ病〉
	F32	うつ病エピソード
	F33	反復性うつ病性障害
	F34	持続性気分[感情]障害
	F38	その他の気分[感情]障害
	F39	詳細不明の気分[感情]障害
F4　神経症性障害, ストレス関連障害及び身体表現性障害	F40	恐怖症性不安障害
	F41	その他の不安障害
	F42	強迫性障害〈強迫神経症〉
	F43	重度ストレスへの反応及び適応障害
	F44	解離性[転換性]障害
	F45	身体表現性障害
	F48	その他の神経症性障害

F5 生理的障害及び身体的要因に関連した行動症候群	F50	摂食障害
	F51	非器質性睡眠障害
	F52	性機能不全, 器質性障害又は疾病によらないもの
	F53	産褥に関連した精神及び行動の障害, 他に分類されないもの
	F54	他に分類される障害又は疾病に関連する心理的又は行動的要因
	F55	依存を生じない物質の乱用
	F59	生理的障害及び身体的要因に関連した詳細不明の行動症候群
F6 成人の人格及び行動の障害	F60	特定の人格障害
	F61	混合性及びその他の人格障害
	F62	持続的人格変化, 脳損傷及び脳疾患によらないもの
	F63	習慣及び衝動の障害
	F64	性同一性障害
	F65	性嗜好の障害
	F66	性発達及び方向づけに関連する心理及び行動の障害
	F68	その他の成人の人格及び行動の障害
	F69	詳細不明の成人の人格及び行動の障害
F7 知的障害〈精神遅滞〉	F70	軽度知的障害〈精神遅滞〉
	F71	中等度知的障害〈精神遅滞〉
	F72	重度知的障害〈精神遅滞〉
	F73	最重度知的障害〈精神遅滞〉
	F78	その他の知的障害〈精神遅滞〉
	F79	詳細不明の知的障害〈精神遅滞〉
F8 心理的発達の障害	F80	会話及び言語の特異的発達障害
	F81	学習能力の特異的発達障害
	F82	運動機能の特異的発達障害
	F83	混合性特異的発達障害
	F84	広汎性発達障害
	F88	その他の心理的発達障害
	F89	詳細不明の心理的発達障害
F9 小児〈児童〉期及び青年期に通常発症する行動及び情緒の障害	F90	多動性障害
	F91	行為障害
	F92	行為及び情緒の混合性障害
	F93	小児〈児童〉期に特異的に発症する情緒障害
	F94	小児〈児童〉期及び青年期に特異的に発症する社会的機能の障害
	F95	チック障害
	F98	小児〈児童〉期及び青年期に通常発症するその他の行動及び情緒の障害
	F99	精神障害, 詳細不明

神経画像検査，髄液検査などを行う。心理学的検査としては失語や失行などの評価をする神経心理学的検査，知能や認知機能を測定する認知検査，発達検査などがある。

うつ病や統合失調症，ASDやADHDの症状を評価するために本人が記載する自己評定尺度，家族などが評価する他者評定尺度も使用される。

血液検査の目的は，①患者の全身状態の把握，内科的疾患の疑いがある場合や向精神薬の副作用のチェック，②抗てんかん薬や一部の向精神病薬の血中濃度のモニターなどのために行う。脳波検査についてはてんかん，睡眠障害の章（9，13章）を参照のこと。髄液検査は脳炎などの脳器質性疾患が疑われる場合に行う。

神経心理学的検査[1]は脳障害を受けた人や認知症の人のコミュニケーション能力や記憶力を測定するために行う。代表的な検査としては，改訂長谷川式簡易知能評価スケール（Hasegawa's Dementia Scale-Revised；HDS-R）やミニメンタルステート検査（Mini-Mental State Examination；MMSE）がある。知能検査でよく用いられるのは16歳以上の成人ではWAIS-IV（Wechsler Adult Intelligence Scale － Fourth Edition，略称ウエイス・フォー），5歳0ヶ月から16歳11ヶ月まではWISC-IV Wechsler Intelligence Scale for Children － Fourth Edition（略称ウィスク・フォー），2歳6ヶ月から7歳3ヶ月ではWPPSI-III（Wechsler Preschool and Primary Scale of Intelligence － Third Edition，略称ウィプシ・スリー）がある。これらで測定された知能指数は標準が100であり，標準偏差が15である。発達指数は「発達年齢/生活年齢×100」であり，年齢水準の発達をしていれば発達指数は100になる。発達指数の算定には新版K式発達検査2020が用いられることが多い。

精神症状のアセスメントに評定尺度が用いられることも多い。評定尺度とは専門家や本人，家族が特定の質問に答えることで症状を数量化し，治療の前後などで症状の変化を数量化して把握することができる手法である。うつ病を評価するハミルトンうつ病評価尺度（Hamilton Rating Scale for Depression；HRS），ベックうつ病評価尺度（Beck Depression Inventory；BDI）などがよく用いられる。

---

1 詳細は神経心理学のテキストを参照。

精神科医療機関への紹介

　メンタルな問題をもつクライアントに対してどこまで心理職だけで相談を続けていくかは難しいテーマであり，絶対的な正解があるわけではない。常識的には，①自殺の恐れが強い，②症状が改善しない，③幻覚や妄想など薬物療法の必要な症状がある，④逸脱行動などがあり本人や家族を守るために入院が必要である，⑤摂食障害などで体重減少が著しく生命の危険がある，などの状態であれば精神科医療機関へ紹介する。

従来の精神障害の分類[2]

　精神障害の分類の方法はさまざまあるが，古くは「外因性」「内因性」「心因性」と3分類されてきた。外因性とは，脳に直接病的な変化をもたらす身体的原因がある場合をいう。その中で，脳自体に病変が生じるものを器質性精神障害と呼ぶ。脳以外の身体疾患による影響で精神症状を呈する場合を症状性精神病，脳に作用する物質を外部から摂取することによって精神症状が出現する場合を中毒性精神障害と呼ぶ。また，身体疾患の治療で用いられる薬物が原因で精神症状が生じる場合を薬剤性精神障害と呼ぶ。

　心理的なショックや環境からのストレスによってメンタルに変調を来す場合を心因性精神障害と呼ぶ。外因性でも心因性でもなく原因が不明の場合は内因性と呼び，遺伝が関与していることが多い。統合失調症と躁うつ病が2大内因性精神病である。

　本書では主にDSM-5に沿って疾患ごとに解説していく。ここで注意してほしいのは，実際の患者をDSM-5の分類のように明確に分類することは難しいということだ。最近の脳科学の進歩により，そのことが以前より明確になってきた。

　DSM-5の「はじめに」には，「一部の精神障害は症候群のまとまりが他の障害と明確に区別される境界がある。科学的なエビデンスから，大多数ではないものの，多くの精神障害がスペクトラム（連続体）上に布置されることがわかっている。そして，それらの障害は，症状だけでなく遺伝的・環境的リスクファクターも共通し，神経基盤をも共有する可能性を示唆している。つまり，障害間の境界は，これまで理解されてきたように障害を隔絶するよ

2　DSMが普及する以前の診断分類を「従来分類」と呼ぶことが多い。日本でDSMが用いられるようになったのはDSM-Ⅲ（1980年発行）からである。

うな壁ではなく，壁には多くの穴があり壁の両側の障害は互いに入り交じることが分かってきたのである」（American Psychiatric Association, DSM-5，「preface」から引用，下線筆者，拙訳）。つまり本書などの教科書では，学びやすいように診断カテゴリーをもとに解説するが，実際の臨床では患者の示す症状や経過は複雑であり，単純に1つのカテゴリーに当てはめることが難しいことも多いことに注意しよう。

なお，全体を通じてDSM-5の日本語版（高橋三郎ら，2014）と英語版（American Psychiatric Association, 2013）を参照した。

練習問題

問　かかりつけの内科医に通院して薬物療法を受けているうつ病の患者を精神科医に紹介すべき症状として適切なものを2つ選べ。（平成30年度　第1回公認心理師試験　問134）

①不眠　　　　　　　　　　　②自殺念慮
③体重減少　　　　　　　　　④改善しない抑うつ症状
⑤心理的原因による抑うつ症状

参考文献
American Psychiatric Association, Diagnostic and Statistical Manual of Mental Disorders: DSM-5. American Psychiatric Publishing. 2013.
厚生労働省. 疾病, 傷害及び死因の統計分類（ICD-10）. 2013
高橋三郎・大野裕監訳. DSM-5精神疾患の診断・統計マニュアル. 医学書院. 2014

脳および神経の生理・解剖

1.1節 | 脳神経系の構造と機能

　脳神経系の構造と機能についての詳細は神経生理心理学で学ぶ。本章では，これから精神医学を学ぶにあたり，最低限知っておくべき脳神経系の構造と機能について解説する。話せないとか，痛みを感じないとか，ぼんやりするとか，気分が落ち込む，幻覚や妄想がある，うまく動けないなどの訴えがあった場合，医師はまず身体の変調を疑う。脳も身体の一部であるから，このような症状があれば，症状，症状の経過（いつから始まったのかなど），身体所見や神経学的検査を行い，その後にMR[1]や脳波検査，血液検査などを実施するかもしれない。精神科医も医師である以上，身体や脳の機能から患者をアセスメントする。心理職も心の問題を扱う以上，ヒトの身体や脳の状態を知っておくことが必要である。また医師と連携をする以上，医学的な見方を知っておくことは決して無駄にはならない。

1.2節 | 脳の機能と機能局在を知ることの重要性

　大雑把にいって左の脳は右の身体を，右の脳は左の身体を処理する。脳は以下に説明するようにさまざまな部分に分けられるが，部位によって異なる機能が割り当てられている。これを機能局在という。この機能局在は他の臓器にはみられない脳の特徴である。メンタルな変調であっても，その症状によっては脳の特定の部位の障害であることが画像検査をする以前にわかることがある。もちろん画像検査をすれば，わかる可能性は高まる。たとえ，わからなくても精神科医であれば，まず脳機能の障害を想定して診察をする。明らかな異常があれば，その程度によっては神経内科医や脳外科医，時には内科医や小児科医に紹介して治療を依頼しないと患者の命に関わることがあるからである。

1　Magnetic Resonance Imaging検査：MRIと略すこともある。体の断面画像を作って病気の診断などに使用する。

神経は中枢神経と末梢神経に分けられる。中枢神経系は大脳，間脳，小脳，中脳，橋，延髄，脊髄に分類される（**図1.1**）。

脳の重さは成人男性で約1400グラムである。1000億個のニューロンがあり，身体全体のエネルギーの20％を消費する。ニューロンとは情報処理を行う神経細胞のことであり（14章参照），脳にはニューロンとは別にニューロンを支えるグリア細胞がある。当然だが脳は他の臓器と同じように常時活動しているので，エネルギーも消費している。

それぞれの部位は互いに連絡・連携しあって機能しているが，部位ごとに一定の役割がある。精神医学を理解するためには，精神症状を脳の機能から考えることが必要である。脳は精神だけでなく知覚や運動に関する情報を処理しコントロールする。向精神薬やアルコールや覚醒剤など脳に作用する物質は精神にだけ作用するわけではなく，脳を含む身体のさまざまな部分に作用する。向精神薬の副作用は精神だけでなく，脳がコントロールする運動にも関係するし，内臓や皮膚にも出現しうる。したがって公認心理師などメンタルヘルスの支援を行う専門家は，脳の機能だけでなくそれに関連した身体の機能も知る必要がある。

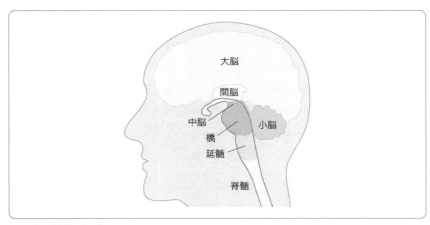

図1.1　中枢神経系

A. 大脳

大脳は脳の総重量の約80%を占める。脳溝という大脳の凹んだ部分と脳回という膨らんだ部分が外側からみえる。目立つシワは外側溝，中心溝，頭頂後頭溝である（**図1.2**）。外側溝の斜め上，中心溝の前の部分を前頭葉という。これらの溝を境界に前頭葉，頭頂葉，後頭葉，側頭葉の4つの「葉（よう）」が外側からみえる，さらに大脳の内部には辺縁葉と大脳基底核もある。葉（英語ではlobe）とは「かたまり」の意味で，臓器を部分に分ける時に使う医学用語である。

i）前頭葉

大脳全体の約30%と最も大きな領域を占める。知性や人格，意欲，創造性，言語，実行機能，ワーキングメモリなど精神・心理にとって重要な部分である。さらに，運動コントロールも行っている。前頭前野，ブローカ野，運動野などに分けられる。

①運動野：運動については中心溝の前の部分に一次運動野，その前に補足運動野，前頭前野がある。一次運動野には，指や顔など体の部位に対応した領域があり，大きな部分を占めているほど細かい動きをコントロールしている。

　カナダの脳外科医のペンフィールド（W. Penfield）は脳領域を刺激することで，大脳の一次運動野と一次体性感覚野のホムンクルス（小人間像）として有名になった体性地図（ペンフィールドマップ）を明らかにした（**図1.3**）。顔や手指の部分を処理する脳領域は大きいことを反映して，

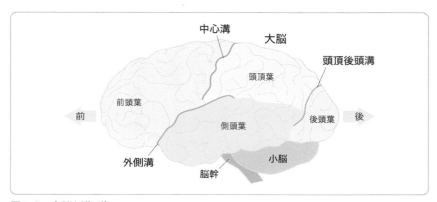

図1.2　大脳と溝, 葉

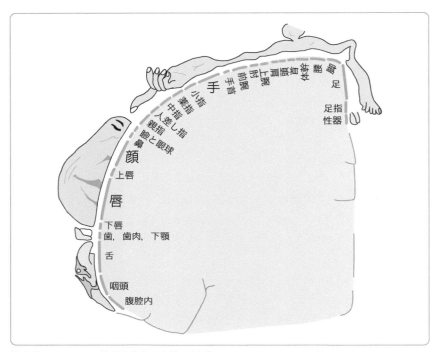

図1.3　ペンフィールドのホムンクルス（出典：Wikimedia commons）

ペンフィールドのホムンクルスは体幹と比べて手や顔が非常に大きくなっている。

　精神科の患者をサポートする際に，運動のコントロールについて知っておくことは重要である。運動は脳から運動する指令を筋肉に伝える作業である。一次運動野から出た指令は「下向性伝導路」を伝わり，下位運動ニューロンに伝えられ，筋肉が動く。下向性伝導路は皮質脊髄路（錐体路）と錐体外路に分けられる。錐体外路は途中で線条体（大脳基底核の被殻と尾状核）を通る。錐体外路は細かい運動の調整をしている。

　抗精神病薬によって手足が震えるなどのパーキンソン病と似た症状が出現する場合があるが，これは抗精神病薬が錐体外路の基底核でドパミン（ドーパミンとも記載する，同じ物質である）をブロックしてパーキンソン病と似た状態になるからである。このような細かい運動が困難になる症状を錐体外路症状という。

②**前頭前野**：前頭前野には脳のさまざまな領域から集められた情報を最終的

に統合し，認知し実行する機能（実行機能，executive function），ワーキングメモリ，メタ認知などの神経基盤がある。

　心理師はウエクスラーテストを実施することが多いが，ウエクスラーテストにはワーキングメモリインデックスという指標がある。また，心理学実験でしばしば課題になるストループテストも前頭前野の機能をみている。

　メタ認知とは，自分が何を認知しているかということを，第三者的に理解し，自分自身の思考や行動を把握する能力である。

　また，心の理論の脳基盤には上側頭回，前部帯状回／内側前頭前野と上側頭回を結ぶネットワークが想定されている。前頭葉は扁桃体とのネットワークの中で社会脳としての重要な部分を占める。

　他者の動作につられて反応し，模倣や学習に関わるミラーニューロンはサルの場合，前頭葉の腹側運動前野にあるF5野や頭頂葉にある。ヒトの場合も下前頭回にあるといわれている。

　左下前頭回には運動性言語中枢（ブローカ中枢）が，中心前回（運動野）には運動中枢があり反対側の随意運動を支配している。ブローカ野が障害されると，言語を発声して表現することが困難になるブローカ失語が生じる。

脳内報酬系

　前頭前野と側坐核を中心に脳内報酬系が形成される。A10ドパミンニューロン（脳内報酬系）が依存との関連で重要である。快刺激があると中脳の腹側被蓋野のドパミン作動性ニューロンが活性化され，側坐核でドパミンの放出が増えると脳内報酬系が刺激された精神依存が形成される。脳内報酬系はアルコールや覚醒剤で刺激されるが，ギャンブルなどの非薬物でも刺激されると考えられている（**図1.4**）。

ⅱ）頭頂葉

　一次体性感覚野，体性感覚連合野がある。一次体性感覚野は中心溝のすぐ後ろにある。体性感覚とは痛みや温度を感じる皮膚感覚や固有感覚（圧覚，位置感覚，筋肉／運動感覚）などの感覚のことで，これらの情報が一次体性感覚野に送られ，一定の処理をされた後に頭頂連合野に送られ感覚として感じられる。

　頭頂連合野は物体の位置，距離，スピードや方向などの認識を担っている。頭頂葉が障害されると失認（見えている物が認識できない）や失行（複雑な一連の動作ができなくなる）などの症状が生じる。

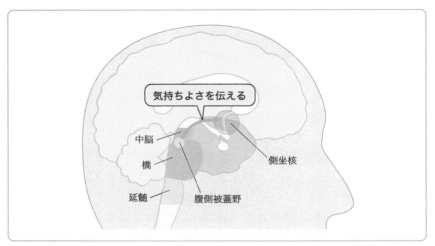

図1.4　脳内報酬系
（参考：池谷裕二監修. 脳と心の仕組み. 新星出版社. 2015. p.128）

　右頭頂葉が脳梗塞などで障害されると，左側のものが認識できない半側空間無視が生じる。こうなると左側の物が認識できないため，知人がいても気づかなかったり左にある家具などにぶつかりやすいといった現象が生じる。

iii）側頭葉

　聴覚認知，味覚，嗅覚，言語理解，記憶および感情に関係する。聴覚情報を受けとる一次聴覚野，音声言語の理解に必要なウェルニッケ野，聴覚に視覚情報を加えて処理する側頭連合野がある。左ウェルニッケ野が障害されると，ウェルニッケ失語と呼ばれる音は聞こえていても言葉として理解できないタイプの失語症になる。角回は頭頂葉，側頭葉，後頭葉が接する場所にある。左角回はブローカ野，ウェルニッケ野とともに言語処理に重要であり，読み書きの機能に強く関連する。

　上側頭溝（superior temporal sulcus：STS）は側頭葉にある脳溝の1つで，この領域は扁桃体や前頭前野などと連携して情動や社会的認知に関係しており，自閉スペクトラム症で異常があることが報告されている。

　側頭葉内側には扁桃体，海馬，海馬傍回などがあり，大脳辺縁系と呼ばれる。

iv）後頭葉

　後頭葉には視覚情報を受けとる一次視覚野と，それを統合して形態などを

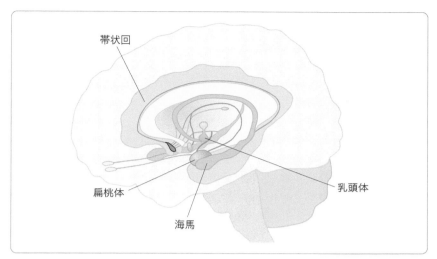

図1.5　大脳辺縁系を立体的にみた図
（参考：池谷裕二監修. 脳と心の仕組み. 新星出版社. 2015. p.60）

認識する視覚連合野がある。

　後頭葉から側頭葉にかけて高次視覚野があり，ここでは色や図形の処理が行われる。高次視覚野に障害があると相貌失認（ヒトの顔を覚えられなかったり認識できない）が生じる。

v）大脳辺縁葉と大脳辺縁系－情動を生み出す脳

　大脳辺縁葉は大脳皮質よりも深部に存在し，帯状回，海馬，扁桃体，側坐核などから構成される。視床下部と共同して摂食，飲水，性行為などの本能や情動の中枢として機能する。海馬は独特の形態をしており，学習や記憶に重要な働きをしている。

　大脳辺縁系（**図1.5**）は辺縁葉と密接に連絡する扁桃体や視床下部，側頭葉内側面なども含めた機能的な概念である。

vi）扁桃体

　扁桃体はアーモンド状の形態をしており，側頭葉の内側面に存在する。情動（快，不快，怒り，恐怖，喜びなど）と関係しており，特に恐怖や嫌悪などと関係が深い。扁桃体を破壊された動物は恐怖などを感じなくなる。情動記憶には扁桃体が強く関与している。

vii）海馬

　陳述記憶は海馬によって記憶され，大脳皮質に移動し長期にわたって記憶される。陳述記憶とは，その名の通り「言葉で述べることができる記憶」であり，今日あった出来事や過去の体験などに関する記憶である。また，過去の体験と関連した情動記憶にも関係している。

viii）大脳基底核

　大脳辺縁系よりもさらに深い部位に大脳基底核がある。核とは神経細胞が集まっている部位のことで，情報伝達を行っている。尾状核と被殻から構成される線条体，淡蒼球，視床下核，黒質から形成される。大脳皮質から運動命令が出ると，大脳基底核へ伝わる。基底核では運動をなめらかにするために信号を視床を経由して，大脳皮質に戻す。つまり，「大脳皮質→大脳基底核→視床→大脳皮質」の情報伝達のループ回路が形成されている。

　基底核が損傷されたり，機能が低下すると運動がぎこちなくなったり手足が勝手に動くなどの不随意運動が出現する。

　パーキンソン病は黒質のドパミン減少のために生じる。また小脳，大脳皮質と連携して手続き記憶にも関与する。

B. 間脳（視床，視床下部，視床上部）

　間脳は視床上部，視床，視床下部からなる。視床には嗅覚以外の感覚情報がすべて集まり，大脳皮質へ伝える。視床は感覚情報を処理するという重要な役割を担っている。

　視床下部は自律神経とホルモンの情報をコントロールするホメオスタシス（恒常性）の中枢である。視床上部には松果体がある。松果体は睡眠や概日リズムに関与するメラトニンというホルモンを分泌している。

下垂体

　視床下部の下には下垂体がある。下垂体は前葉と後葉に分けられ，前葉からは成長ホルモン（GH），乳腺刺激ホルモン（プロラクチン），甲状腺刺激ホルモン（TSH），副腎皮質刺激ホルモン（ACTH），卵胞刺激ホルモン（FSH），黄体形成ホルモン（LH）が分泌される。後葉からは抗利尿ホルモン（バソプレッシン）とオキシトシンが分泌される。オキシトシンには子宮収縮や乳汁排出作用があるが，最近では信頼ホルモンとも呼ばれ，対人交流を促進するといわれている。自閉症スペクトラムの治療に使えないかが研究されている。これらのホルモンは視床下部から分泌するホルモンによってコ

ントロールされている。

抗精神病薬ではプロラクチンが上昇することがあり，無月経や乳汁分泌が生じる。

C. 脳幹

脳幹はその名の通り，大脳を支える「幹（みき）」であり，大脳と脊髄の中間にある。中脳，橋，延髄からなる。血液循環，血圧，呼吸，嚥下などの生命活動の基本的な部分を担っている。

脳幹には網様体と自律神経の中枢があり，12対ある脳神経[2]のうち10対が出入りする。網様体は睡眠，意識─覚醒レベルのコントロールに関与しており，上行性賦活系とよばれる。これが活性化することで大脳の意識レベルが高まる。

D. 小脳

小脳は2つの小脳半球とその中心にある虫部からなる。体の位置情報や感覚情報を大脳に送る。運動の制御や平衡感覚，スポーツや楽器演奏などの「身体が覚える」「わざの記憶」に必要であり，このような記憶を手続き記憶と呼ぶ。

E. 脊髄

脊髄からは31対の脊髄神経が出ていて，触覚，圧覚，痛覚などの体表の感覚，筋肉や関節などの深部の感覚を中枢に送り，中枢からの運動の司令を筋肉などに送る。

皮膚にある触覚，圧覚，温度覚などの感覚を司る神経を皮神経と呼ぶ。皮神経が支配する領域は分節しており，デルマトーム（皮膚分節）と呼ばれる。感覚障害の範囲がデルマトームにも末梢神経の分布にも合わない非解剖学的な範囲の場合に，医師は心因性の可能性を疑う（**図1.6**）。

左右の末梢神経は正中（体の真ん中のこと）を超えて1〜2cm重複支配している。正中部で線を引いたように明瞭に感覚障害に境界があれば心因性の可能性がある。

2　脳神経とは脊髄を通らず，頭蓋骨の底面にある穴や裂隙を通って末梢と直接つながる神経のことで，12対ある。

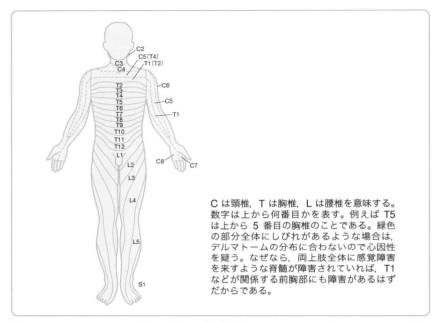

C は頸椎，T は胸椎，L は腰椎を意味する。数字は上から何番目かを表す。例えば T5 は上から 5 番目の胸椎のことである。緑色の部分全体にしびれがあるような場合は，デルマトームの分布に合わないので心因性を疑う。なぜなら，両上肢全体に感覚障害を来すような脊髄が障害されていれば，T1 などが関係する前胸部にも障害があるはずだからである。

図1.6　デルマトームに沿わない上肢の感覚障害（出典：上田剛士著．非器質性・心因性疾患を身体診察で診断するためのエビデンス．シーニュ．2015. p.65）

1.4節 ‖ 末梢神経系

　神経系において，脳と脊髄を中枢神経系，それ以外を末梢神経系に分類する（**図1.7**）。末梢神経系は機能的には[3]自律神経と体性神経に大別される。体性神経は随意運動（自分の意思による運動）と感覚を担い，感覚神経と運動神経がある。一方，自律神経は内臓などの動きのような意思によらない運動をコントロールしている。

自律神経

　自律神経には交感神経と副交感神経がある。交感神経は内臓を支配し，外的からの攻撃や恐怖や不安などの際に活動する。副交感神経は安静時に優位

3　構造的には脳に出入りする脳神経，脊髄に出入りする脊髄神経に分けられる。構造的な分類とは，解剖学的（つまり物理的に見える構造）な視点から分類することである。このように，どの視点から分類するかで色々な分類があり，分類の方法は一つではない。

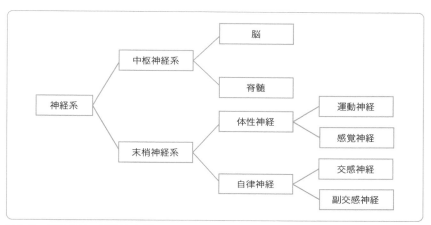

図1.7　脳神経系の機能的分類

になる。

　内臓は交感神経と副交感神経の両方が支配する「拮抗支配」を受けている。心臓を例にとれば，交感神経が優位になれば心拍が増加するし，副交感神経が優位になれば心拍は減少する。不安や期待などで「ドキドキした状態」は誰でも経験するだろう。そのドキドキした状態が交感神経優位の状態である。驚いた時に「目を見開く」という表現があるが，これは交感神経が作動した状態であり，瞳孔（ひとみ：眼球の色が付いている部分の真ん中にある「黒目」の部分）が散大（大きくなる）した状態である。逆に「目が点になる」という言い方もあるが，医学的には正しくない。

　一方，リラックスすると副交感神経が優位になり，胃腸などの消化管の活動が盛んになる。このように，情動と自律神経は密接に関係している。

練習問題 ✏

問1　大脳の生理学的機能について，正しいものを2つ選べ。（平成30年度
第1回公認心理師試験　追試　問128）

① Broca野は発語に関わる。

② 側頭葉は温痛覚と触覚に関わる。

③ 頭頂連合野は主に物の判断と記憶に関わる。

④ 劣位半球の障害によって失読と失書が起こる。

⑤ 前頭連合野は主に思考，意欲及び情動に関わる。

問2　視床下部の機能として，正しいものを1つ選べ。

（平成30年度　第1回公認心理師試験　問88）

①運動協調の調節　　　　②摂食行動の調節

③対光反射の中枢　　　　④体性感覚の中継

⑤短期記憶の形成

参考文献
F. H. Netter著. 相磯貞和訳. ネッター解剖学アトラス 原書第6版. 南江堂. 2016
池谷裕二監修. 脳と心のしくみ. 新星出版社. 2015
上田剛士著. 非器質性・心因性疾患を身体診察で診断するためのエビデンス. シーニュ. 2015.
脳科学辞典（＊ウエブプロジェクト。QRコード参照）

第2章 神経発達症群

神経発達症群はDSM-5の用語で神経発達障害群とも称される。知的能力障害，自閉スペクトラム症，注意欠如・多動症，限局性学習症，発達性協調運動症，コミュニケーション症群，チック症群などが含まれる。日本では発達障害と総称されることが多いが，発達障害の定義はさまざまであり，混乱の原因になりやすい。日本の発達障害者支援法の対象には知的能力障害は含まれない。

以下，主にDSM-5に準拠して解説する。

2.1節 知的能力障害（知的発達症／知的発達障害）

A. 知的能力障害の用語と定義

知的能力障害（intellectual disability）について勉強しようとすると，類似した用語が非常に多いことに気づくだろう。この理由の1つは，知的能力障害の支援は福祉，教育，医学など多様な分野が関与してきたからである。日本の福祉分野では長く「精神薄弱」という用語が用いられてきたが，知的な発達に係る障害の状態を的確に表していない，精神・人格全般を否定するような響きがあり障害者に対する差別や偏見を助長しかねないなどの問題が指摘され，用語の見直しが検討された。そこで「精神薄弱の用語の整理のための関係法律の一部を改正する法律」が成立し，1999年より「知的能力障害」の用語が用いられるようになった。

現在の我が国の公的な知的能力障害の定義は，2005年の知的能力障害児（者）基礎調査における「知的機能の障害が発達期（おおむね18歳まで）に表れ，日常生活の支障が生じるため，何らかの特別の援助を必要とする状態にあるもの」とされてきた。

後述するように，医学分野では精神遅滞（mental retardation）の用語が用いられてきた。その他，精神発達遅滞，知的発達障害，知能障害，発達障害などの用語を使う場合もある。発達障害も後述するように多様な意味で使われるので，実際にどの意味で使われているかは文脈で判断するしかないことも多い。

重度の知的能力障害を思い浮かべると，どのような状態かは想像がつく人が多いだろう。しかしながら知的能力障害を言葉で定義することは難しい。これは「知能」や「知的能力」を定義することが難しいのと同様である。知能は「判断・実行能力」や，物事を理解，記憶，推理する能力，経験を役立てる学習能力，抽象的に思考する能力などが含まれるだろう。もう少し具体的に述べると，現実の生活場面で，ある課題（「勉強」も課題だが，それに止まらず，バスに乗ったり，その日着る服を選んだり，買い物をしたり，友人と遊ぶことも課題である）が生じたとき，その課題を遂行する方法を判断して，適切かつ効果的に，より少ない労力で実行する能力である。その判断・実行には，知識と経験の積み重ねが必要である。その知識・経験は，記憶によって蓄えられる。その記憶に先立って必要なのは，対象を空間・時間・形態・因果関係を認知し，言語や数値という抽象概念を用いて整理・統合する知的作業である。

知的能力障害はDSM-5では「知的発達症（intellectual developmental disorder）」や「知的発達障害」とも呼ばれ，次のA，B，Cの3つの基準を満たさなければならない。

A．臨床的評価および個別化，標準化された知能検査によって確かめられる，論理的思考，問題解決，計画，抽象的思考，判断，学校での学習，および経験からの学習など，知的機能の欠陥。
B．個人の自立や社会的責任において発達的および社会的文化的な水準を満たすことができなくなるという適応機能の欠陥。継続的な支援がなければ，適応上の欠陥は，家庭，学校，職場，および地域社会といった多岐にわたる環境において，コミュニケーション，社会参加，および自立した生活といった複数の日常生活活動における機能を限定する。
C．知的および適応の欠陥は，発達期の間に発症する。

（出典：日本精神神経学会（日本語版用語監修），髙橋三郎・大野裕（監訳）：DSM-5 精神疾患の診断・統計マニュアル. p33, 医学書院, 2014.）

下線がキーワードである。基準Aは，実際に経験のある臨床家による見立てと個別に実施される知能検査の両方によって知的機能の不足を確認する

ことが必要である。

　基準Bにおける"適応機能"とは，その子どもが生活する社会状況に応じて自立機能や社会的責任が果たせるかということであり，それは各地域の文化や生活状況によって異なる。例えば，日本人の小学生は1人で登校することや箸を用いて食事をすることなどが求められる。しかし，国によっては登下校時に保護者が付き添うのが義務であるし，箸が使えないことは当然である。適応機能を評価するための項目としてふさわしいとはいえない。このように，"適応機能"は，生活する地域の文化や社会的状況を踏まえて評価を行う必要がある。

　精神遅滞の用語も広く使われてきた歴史がある。アメリカ精神遅滞学会（American Association on Mental Retardation：AAMR）の定義が用いられることが多い。それによる精神遅滞の定義（第9版，1992）は，「現在の機能が実質的に制約されていること」とされる。それは，知的機能が有意に平均以下であり，同時に適応スキルの領域で2つ以上，知的機能と関連した制約をもつことを指す。

　適応スキルの領域とは，コミュニケーション，身辺処理，家庭生活，社会的スキル，コミュニティ資源の利用，自律性，健康と安全，実用的学業，余暇，労働である。勉強などの学習能力と併せてこうした社会生活を自立して過ごすための能力も評価に含まれる。

　また，診断・定義における年齢制限は，DSM-5では基準Cにおいて発達期と記しているが，AAMRでは18歳以前と定義される。いずれも，子どもの頃から知的機能，知的能力，適応機能の不足が明らかにあることが基準となる。

　重度の知的能力障害についてはイメージすることは容易であるが，それを言語で表現することは容易ではない。また軽度知的能力障害の場合には，周囲から気づかれていないことも非常に多い。

B．知的能力障害の原因

　知的能力障害にはダウン症のように原因（染色体異常）が明らかなこともあるが，現象として知的能力障害がみられるものの病因がはっきりしないことの方が多い。

　医学的原因は，大きく遺伝的要因と後天的・環境要因に分かれる。遺伝的要因は，染色体異常（ダウン症候群など）や単一遺伝子疾患先天性症候群

（結節性硬化症など），先天性の代謝・内分泌異常など（フェニルケトン尿症，クレチン病など），脳の形成異常（脳奇形），胎内感染（先天性風疹症候群など）がある。後天的・環境要因として，周生期異常には分娩時の異常，新生児仮死などがあり，出生後の原因には頭部外傷や脳炎などの感染症などがある。

一方，実際の臨床現場では，そのような明らかな医学的原因のない軽度から中度の知的能力障害をもつ子どもや成人と出会うことが多いだろう。

2.2節 ‖ 自閉スペクトラム症（自閉症スペクトラム障害）

自閉症に関連したさまざまな診断名があるが，DSM-5では，「自閉スペクトラム症（Autism Spectrum Disorder：**ASD**）」の用語が採用されている。自閉症スペクトラム障害，自閉症スペクトラム，広汎性発達障害，自閉症，アスペルガー症候群などさまざまな用語がある。アスペルガー症候群は知的に正常域の事例に使われることが多い。本書では自閉スペクトラム症の用語を用いるが，その中にはアスペルガー症候群も知的能力障害のある自閉症も含めている。この使い方が今後，一般的になっていくと思われる。

DSM-5での「自閉スペクトラム症」の定義の要点（A基準～E基準）

A．対人的相互交流における持続的な欠陥
B．反復的な行動や興味，活動（感覚過敏を含む）
C．児童期早期に明らかになる（しかし，周囲からの社会的要求が能力の限界を超えるまでは完全に明らかとはならないかもしれない）。
D．症状全体で日常生活の機能を制限する。
E．これらの障害が知的障害や全般的な発達の遅れでは説明できない。知的障害と自閉症はしばしば合併するが，その場合，社会性障害の程度は全般的な発達の水準よりも重度である。

（出典：日本精神神経学会（日本語版用語監修），髙橋三郎・大野裕（監訳）：DSM-5 精神疾患の診断・統計マニュアル．p49-50，医学書院，2014．下線は筆者）

A. DSM-5のA基準

　上記のA基準は，対人コミュニケーションおよび対人的相互交流（一方的に話しをしたり孤立したりする人も含む）についての障害があることを示し，現在および過去のさまざまな場面で現れる。

（1）対人－情緒的な相互性の障害
（2）対人的相互交流のために用いられる非言語的コミュニケーション（non-verbal communication）行動の障害
（3）発達水準（年齢相応）に相応した，仲間関係を築くことと維持することの障害（子どもの場合はごっこ遊びをうまくできないことでも表現される）

（出典：日本精神神経学会（日本語版用語監修），髙橋三郎・大野裕（監訳）：DSM-5 精神疾患の診断・統計マニュアル. p49-50, 医学書院，2014.）

B. DSM-5のB基準

　B基準は限局された反復的な行動や興味，活動で，現在あるいは過去にみられる。以下のうち，少なくとも2つにより明らかになる。

（1）常同的／反復的な運動（例：体を前後にゆする，手をひらひらさせる），物の使用（例：物を並べる），あるいは会話（例：同じことばかり言う）
（2）同一性への固執（例：家具の配置が変わると嫌がる），ルーチンへの頑な固着（例：朝起きてからの決まり事），言語あるいは非言語的行動の儀式的パターン（例：時間に関係なく「やあ，○○先生こんにちは」と必ず言う）
（3）強度あるいは対象において異常なほどの限局的で固着した興味（例：興味の範囲が狭く特定のこと（キャラクター，数学，歴史など）に集中する）
（4）感覚情報に対する反応性亢進（過敏）あるいは反応性低下（鈍感），あるいは環境の感覚的側面に対する異常なほどの興味（例：キラキラしたものが好き。車を見ると加速度がどのくらいあるかと考える）

（出典：日本精神神経学会（日本語版用語監修），髙橋三郎・大野裕（監訳）：DSM-5 精神疾患の診断・統計マニュアル. p49-50, 医学書院, 2014.）

　C基準における下線部「しかし，周囲からの社会的要求が能力の限界を超えるまでは完全に明らかとはならないかもしれない」とは，児童期から症状はあったものの勉強もでき適応できていたが，社会に出て増加する仕事量や高まる社会的要求水準に適応できなくなり，受診をして判明するといったことである。近年，大人になってから診断されるケースが増えている。

　D基準における「日常生活の機能を制限する」とは，やりたいことができなくなる，大学が続かなくなる，ということである。

　社会的コミュニケーションに明白な障害があるが，自閉スペクトラム症の診断に該当しない場合に対してDSM-5では「社会的（プラグマティック）コミュニケーション障害」の診断カテゴリーがある。プラグマティックス（pragmatics）は，言語学の用語で「語用論」と訳される。ある特定の状況で話し手の意図をどのように聞き手が理解するかを問題にする。例えば，母親が子どもに「お風呂見ててね」といったら，お風呂の水がたまったら水を止めてねという意味で，ずっとお風呂を見ていてほしいわけではない。このように話し手の意図がどう伝わるか，聞き手がどのように理解するかを問題にするのが語用論である。自閉スペクトラム症の場合は言葉の使い方や独り言（文章にはなっているがコミュニケーションにはなっていない），皮肉・嫌味がわからない（遅刻した学生に「立派だね」と言うと，「ありがとうございます」と返答する）などの語用論障害があるが，それは対人交流の障害とセットで現れる。「社会的（プラグマティック）コミュニケーション障害」は語用論的障害があるが対人交流障害や興味の限局などがみられない場合に診断される。

　自閉スペクトラム症は合併する障害が多い。知的能力障害，結節性硬化症，ダウン症などの先天性障害，ADHDなどの他の神経発達症，カタトニア（行動が緩慢になり停止する状態で，統合失調症でも生じる）などが合併することがある。

ICD-11での「自閉スペクトラム症」の定義

> ・相互的な社会的交流と社会的コミュニケーションを開始し維持することの能力の乏しさと限定され反復的で柔軟ではないパターンの行動や興味が継続することが特徴である。
>
> ・通常は発達期，典型的には児童期早期に障害が明らかになるが，症状が明らかになるのは，社会から求められる要求水準が本人の限定された能力を上回る時まで遅くなることもある。
>
> ・症状が個人，家族，社会，教育，職業や他の重要な領域で不都合を生じさせるだけの重篤さがあり，通常はあらゆる状況下で特性が認められる。もっとも社会的，教育的あるいは他の状況で特性の表現は異なる。ASDの人の知的機能と言語能力はすべての範囲におよぶ。
>
> （出典：ICD-11.）

　ICD-10の自閉症の診断基準でみられた「3歳までの発症」が撤廃され，症状の発現が「社会から求められる要求水準が本人の限定された能力を上回る時まで遅くなることもある」と，成人期に特性が明らかになる事例も診断可能になった。

　ガイドラインには，「多大の努力により多くの状況で適切に振る舞えることもある，そのため他者には障害が明らかにならない。そのようなケースでもASDの診断は可能である」という記載がある。これは，一定の年齢（通常思春期以降）になると自分の障害を隠して，社会的場面では無理をして社交的に振る舞う人がいる。そのような「カムフラージュする能力のある」も診断することを意味している。

自閉スペクトラム症　下位分類　ICD-11

> 06A02.0　知的発達の障害がなく機能的言語の障害がないか軽度のASD
>
> 06A02.1　知的発達の障害を伴い機能的言語の障害がないか軽度のASD
>
> 06A02.2　知的発達の障害がなく機能的言語の障害があるASD
>
> 06A02.3　知的発達の障害と機能的言語の障害の両者があるASD

06A02.4　知的発達の障害がなく機能的言語がないASD
06A02.5　知的発達の障害があり，機能的言語がないASD

C. 原因

　遺伝的要因が大きく寄与しており，多数の感受性遺伝子（多因子性遺伝子）が発見されている。病態が単一ではなく複雑であるという異種性（heterogeneity）がある。環境要因も議論されており，父母の高年齢，妊娠高血圧症候群，妊娠前や妊娠中の過体重などがある。ワクチンの接種は否定されている。

D. ASDの支援

　TEACCH（後述），応用行動分析，認知行動療法，PECS（Picture Exchange Communication System：絵を通してコミュニケーションをとる方法），SST（Social Skills Training：ソーシャルスキルトレーニング），ペアレント・トレーニングが有効とされている。基本的な方針は，自閉スペクトラム症の子どもや成人にとって，理解しやすく苦痛の少ない環境設定をすることが重要になる。薬物療法，精神分析／力動的精神療法，遊戯療法は推奨されていない。

　TEACCHプログラムとはノースカロライナ大学で1960年代から始まった地域をベースにした自閉症の包括的なプログラムであり，現在では多くの国でTEACCHを参考にした支援が行われている（宇野洋太ら，2017）。それぞれの頭英字の意味は下記の通りである。

　Teaching：教育方法の開発，啓発，デモンストレーション
　Expanding：質の高い，エビデンスに基づいたサービスを提供するために，専門的な知見を高める
　Appreciating：自閉症の長所を理解する
　Collaborating and Cooperating：協力と協同
　Holistic：自閉症の人全体，家族とコミュニティ全体の重要性を強調

2.3節　注意欠如・多動症／注意欠如・多動性障害（ADHD）

　ADHD（Attention-Deficit/Hyperactivity Disorder）の基本的な

特徴は,不注意,多動,衝動性が児童期から出現することである。このような特性は子ども一般の特性でもあることから,正常との境界が曖昧な障害であることが特徴でもある。また神経発達障害の中では例外的に薬物療法の効果が確認されている。これは治療手段があるという点では利点であるが,安易に薬物療法が実施されやすいという問題点もある。以下にDSM-5の診断基準の要点を説明する。

A. DSM-5での「注意欠如・多動症／注意欠如・多動性障害（ADHD）」の要点

A. 不注意および／または多動性・衝動性によって特徴づけられる,不注意および／または多動性・衝動性の持続的な様式で,機能または発達の妨げになっているもの。

B. 不注意または多動性・衝動性の症状のうちいくつかが12歳になる前から存在していた。

C. 不注意または多動性・衝動性の症状のうちいくつかが2つ以上の状況（例：家庭,学校,職場；友達や親戚といる時；その他の活動時）において存在する。

D. これらの症状が,社会的,学業的,または職業的機能を損なわせているまたはその質を低下させているという明確な証拠がある。

E. その症状は,統合失調症,または他の精神病性障害の経過中にのみ起こるものではなく,他の精神疾患（例：気分障害,不安症,解離症,パーソナリティ障害,物質中毒または離脱）ではうまく説明されない。

（出典：日本精神神経学会（日本語版用語監修）,髙橋三郎・大野裕（監訳）：DSM-5 精神疾患の診断・統計マニュアル. p58-59, 医学書院, 2014.）

下線部が重要である。A項目では不注意あるいは多動・衝動性が「持続的」にあることが強調される。試験や行事の前に不安になり,不注意になるような場合は含まれない。一過性ではなく,持続的に症状が出現することが診断のためには必要である。また不注意などがあっても,そのために生活や発達に支障をきたしていなければ,A項目があるとはいわない。同じことがD項目でも繰り返されている。忘れ物があっても本人も周囲も困らない程度なら診断しないことになる。B項目は12歳になる前,つまり通常は小学校

年齢で症状が生じていることに注意しよう。極端な例を挙げれば，初老期になって不注意などのA項目が生じても，診断することはない。E項目は非常に重要である。不注意や衝動性は非特異的な症状であり，不安障害でも不注意になる。ADHDと診断するためには，E項目にあるように不注意や衝動性が生じる可能性のある他の精神障害を除外する必要がある。現在，発達障害の概念が広く知られるようになり，教育現場では不注意や多動性があると短絡的にADHDと診断される傾向がある。

B. 不注意

　以下の症状のうち<u>6つ（またはそれ以上）</u>が最低6ヶ月以上持続する。<u>17歳以上では少なくとも5つ以上の症状が必要。</u>

a．学業，仕事，または他の活動中に，しばしば綿密に注意することができない，または不注意な間違いをする（例：細部を見過ごしたり，見逃してしまう，作業が不正確である）。

b．課題または遊びの活動中に，しばしば注意を持続することが困難である（例：講義，会話，または長時間の読書に集中し続けることが難しい）

c．直接話しかけられたときに，しばしば聞いていないように見える（例：明らかな注意を逸らすものがない状況でさえ，心がどこか他所にあるように見える）

d．しばしば指示に従えず，学業，用事，職場での義務をやり遂げることができない（例：課題を始めるがすぐに集中できなくなる，また容易に脱線する）。

e．課題や活動を順序立てることがしばしば困難である（例：一連の課題を遂行することが難しい，資料や持ち物を整理しておくことが難しい，作業が乱雑でまとまりがない，時間の管理が苦手，締め切りを守れない）

f．精神的努力の持続を要する課題（例：学業や宿題，青年期後期および成人では報告書の作成，書類に漏れなく記入すること，長い文書を見直すこと）に従事することをしばしば避ける，嫌う，またはいやいや行う。

> g．課題や活動に必要なもの（例：学校教材，鉛筆，本，道具，財布，鍵，書類，眼鏡，携帯電話）をしばしばなくしてしまう。
>
> h．しばしば外的な刺激（青年期後期および成人では無関係な考えも含まれる）によってすぐ気が散ってしまう。
>
> i．しばしば日々の活動（例：用事を足すこと，お使いをすること，青年期後期および成人では，電話を折り返しかけること，お金の支払い，会合の約束を守ること）で忘れっぽい。
>
> （出典：日本精神神経学会（日本語版用語監修），髙橋三郎・大野裕（監訳）：DSM-5 精神疾患の診断・統計マニュアル．p58-59，医学書院，2014.）

　これらの項目は，例が具体的で説明が不要であろう。aはケアレスミス，bは集中の持続困難，cは「うわのそら」状態，dからfは「実行機能（遂行機能）の困難，gはなくし物，hは注意の転動性，iは記憶の困難に関係している。不注意には実行機能障害（後述）も含まれることに注意しよう[1]。

C．多動－衝動性

　以下の症状のうち6つ（またはそれ以上）が最低6ヶ月以上持続する。17歳以上では少なくとも5つ以上の症状が必要。

> a．しばしば手足をそわそわ動かしたりトントン叩いたりする，またはいすの上でもじもじする。
>
> b．席についていることが求められる場面でしばしば席を離れる（例：教室，職場，その他の作業場所で，またはそこにとどまることを要求される他の場面で，自分の場所を離れる。
>
> c．不適切な状況でしばしば走り回ったり高い所へ登ったりする（注：青年または成人では，落ち着かない感じのみに限られるかもしれない）。
>
> d．静かに遊んだり余暇活動につくことがしばしばできない。

1　実行機能障害は英語のexecutive functionの訳語で遂行機能障害，監督機能障害などとも訳される。ADHDに限らず自閉スペクトラム症，認知症，高次脳機能障害などでも障害されることがある。前頭葉の機能の1つである。

e．しばしば“じっとしていない”，またはまるで“エンジンで動かさ
　　れているように”行動する（例：レストランや会議に長時間とどま
　　ることができないかまたは不快に感じる；他の人達には，落ち着かな
　　いとか，一緒にいることが困難と感じられるかもしれない）。
　f．しばしばしゃべりすぎる。
　g．しばしば質問が終わる前に出し抜いて答え始めてしまう（例：他の
　　人達の言葉の続きを言ってしまう；会話で自分の番を待つことができ
　　ない）。
　h．しばしば自分の順番を待つことが困難である（例：列に並んでいる
　　とき）。
　i．しばしば他人を妨害し，邪魔する（例：会話，ゲーム，または活動
　　に干渉する；他人に聞かずにまたは許可を得ずに他人の物を使い始め
　　るかもしれない；青年または成人では，他人のしていることに口出し
　　したり，横取りすることがあるかもしれない）。

（出典：日本精神神経学会（日本語版用語監修），髙橋三郎・大野裕（監訳）：DSM-
5 精神疾患の診断・統計マニュアル．p58-59，医学書院，2014．）

　　a〜cは物理的な動きが同年代の子どもや成人よりも多いことを意味して
いる。dとeはせかせかして落ち着かない状態で，じっとしていることが辛
い状況，fとgは「おしゃべり」で相手の話をじっくりと聞くことの困難さ，
hとiは自分の行動の抑えが効かない状態を意味している。

D. 疫学
　　児童の有病率は3〜7％である。成人期に至ると，症状が軽快して診断基
準を満たさなくなる事例もあり2.5％程度である（宇野，2017）。

E. ADHDの認知機能
　　行動を抑制すること，ワーキングメモリの障害，実行機能の障害が基本的
な特性である。行動抑制とは自分のやることにストップをかける機能である。
ワーキングメモリとは「オンラインの記憶」で，繰り上がりのある暗算など
をする時に一時的に情報を保持しつつ操作するために必要な記憶をいう。プ
ランニングとは課題を遂行するために計画を立て，ステップを踏んで実行し，

実行状態を自分で監視し，必要に応じて変更をする一連の能力のことで，思考の柔軟性や創造性と関係する。

　しかし，これらの特性は自閉スペクトラム症などの他の障害でもみられる。ADHDに比較的特有の問題として報酬系機能障害[2]が提唱されている。例えば，仕事をすると月末に報酬が得られるとする。報酬を待つことが難しい人の場合，①衝動的に代替えの報酬に飛びつく，②待つことが苦しいので他のことに注意を逸らす，③気を紛らわせるなどの行動をとりやすい。そのため，不注意で落ち着かない状態になる。今日の100円と明日の1000円では，明日まで待ちきれず今日の100円を選ぶ傾向や，時間の把握（例えば，5分の経過を1時間と感じるなど）が難しい「時間処理障害」なども関係する。

F. ADHDの合併症

　ADHDもASDと同様に合併症が多い障害である。自閉スペクトラム症，限局性学習症，反抗挑戦症，不安，抑うつなどが合併しやすい。児童期にADHDと診断した症例を成人期に評価すると，不安障害，アルコール依存，反社会性パーソナリティ障害，自殺傾向，軽躁病エピソードなどの症状を合併することが多い。このように多様な精神科的問題を呈しやすい理由として，子どもの頃から親や教師などから叱責されたり，いじめの対象になりやすいことから自己評価が低下することが関与している。

G. 原因

　確実なことはわかっていないが，遺伝的要因は明らかに関与している。ドパミンの活性低下があり，不注意症状と関連している。

H. ADHD治療薬

　中枢刺激薬であるメチルフェニデートが使われる。これはシナプス間隙におけるドパミンやノルアドレナリンの濃度を上昇させることで効果を上げるといわれている。日本では，服薬するとゆっくりと吸収されるように工夫された薬（商品名：コンサータ®）が使われている[3]。即効性があるが不眠や

2　報酬系とは欲求が満たされた時や満たされることが予想される時に活性化し快感を与える神経回路であり，ドパミン神経系が深く関与する。ADHD，依存症などに関係している。p.13参照
3　薬品には一般名と商品名がある。商品名は各製薬メーカーが独自に付けている。日常の臨床では商品名もよく使われる。本書では原則として一般名を使用するが，頻度の高い薬物については，代表的な商品名も®を付して記載する。

食欲不振が生じやすいので使用には注意が必要である。

　昨今認可された薬には，ビバンセ®（一般名：リスデキサンフェタミンメシル酸塩）がある。体内で活性体のd-アンフェタミンに加水分解され薬効を発揮する。このように体内で構造が変化して効果を上げる薬をプロドラッグという。

　ストラテラ®（一般名：アトモキセチン）はドパミントランスポーターを阻害することで，シナプス間隙のノルアドレナリンやドパミンの濃度を上げる。効果発現まで1～4週間ほどの時間がかかる。インチュニブ®（一般名：グアンファシン）は，アドレナリン受容体に働きかけて効果を上げる。

2.4節 ‖ 限局性学習症／限局性学習障害

　限局性学習症（specific learning disorder）は，知的には正常であるのに，読み，書き，算数に障害があることが基本的な特徴である。医学領域ではDSM-5の分類や用語が使われることが多いが，教育場面では「学習障害」の用語が使われる。また，英国などヨーロッパを中心にディスレキシアの用語も使われる。これらの用語は概ね同じ意味で使われるが，異なる点もあるので注意が必要である。

　まず，DSM-5にそって限局性学習症の解説からはじめよう。

A. 限局性学習症／限局性学習障害の要点

A．下記のような症状が支援をしても6ヶ月以上継続する学習や学力の困難をいう。
①読むことが不正確で，上手でなく，速度が遅く，多大の努力を必要である。
②文章を理解することが苦手
③スペリング，字を書くことが苦手
④文章で表現することが苦手（文法や句読点の間違い，段落わけができない，考えを文章で明確に表現できないなど）
⑤数の感覚や2つの数の分解と合成（7＝2＋5，9－4＝5）の理解，計算などが苦手
⑥数学的推論が苦手

B．対象者の年齢から期待される能力より明らかに乏しく，学習や職業
　能力，日常生活に支障がある。

C．通常は学童期に障害が生じるが，これらの学習能力に対する要求水
　準がその人の能力を上回るまで明らかにならないこともある。これら
　の障害は知的障害や感覚障害（視力・聴力），神経学障害（脳の明ら
　かな障害），心理社会的不利（学校へ行っていないなど）や学習環境
　の乏しさや不適切な教育方法のためではない。

（出典：日本精神神経学会（日本語版用語監修），髙橋三郎・大野裕（監訳）：DSM-
5　精神疾患の診断・統計マニュアル．p65-66，医学書院，2014.）

　下線で示した「支援をしても困難が継続すること」が限局性学習症のポイ
ントである。また，読めない，書けない障害ではなく，①にあるように読め
ても不正確であったり，時間がかかったり，多大の努力を要する点が重要であ
る。限局性学習症の子どもや成人は，「常に頑張って読んだり書いたり」し
ているが，結果だけ見ると「やれば読める，書ける」というように保護者や
教師から思われがちで，努力不足と非難されやすい。
　限局性学習症はその障害特性から学齢期になってから特性が明らかになる
ことが多い。時には大人になってから判明することもある。「読み・書き・
計算」に関する障害ではあるが，文字はきちんと書けても，④の文章表現の
苦手さや⑥の数学的推論の困難も含まれていることに注意しよう。知能指数
は正常範囲である。知的能力障害がある場合には年齢相応の学習課題を達成
することが困難なのは当然であり，限局性学習症と診断するためには知的能
力が正常範囲であることを知能テストで前もって確認しておく必要がある。
　DSM-5では次の項目が該当すれば，そのことを診断に追記することに
なっている。
・読字の障害を伴う（読字の正確さ，読字の速度または流暢性，理解力）
・書字表出の障害を伴う（綴り字の正確さ・文法と句読点の正確さ・書字表
　出の明確さまたは構成力）
・算数の障害を伴う（数の感覚・数学的事実の記憶・計算の正確さまたは流
　暢性・数学的理解の正確さ）
　上記がDSM-5に基づいた定義である。

B. 疫学

日本では正確な有病率は不明である。アメリカでは，学齢期（6〜15歳）の子どもの5%から15%が限局性学習症の可能性がある（American Psychiatric Assocation, 2014）。約3分の1（18〜42%）（Germanò et al., 2010）がADHDを合併する。

C. 学習障害の定義

限局性学習症はその内容から教育場面での支援が重要であり，学校では文部科学省の定義が使われる。

文部科学省は「学習障害」を，「基本的には<u>全般的な知的発達に遅れはないが，聞く，話す，読む，書く，計算する又は推論する能力のうち特定のものの習得と使用に著しい困難を示す様々な状態を指すものである」と定義している（文部科学省調査研究協力者会議，1999）。

DSM-5のコミュニケーション障害に該当する「聞く」「話す」の項目を含み，定義の幅が広くなっている。

D. ディスレキシア（発達性読み書き障害）

ディスレキシアの用語はイギリスなどでしばしば使用されるが，日本でも使われることが少なくない。限局性学習症，学習障害とも重なる部分が多い。ディスレキシアは読字・書字の発達が特異的に障害される状態で，文字や綴りを音に変換すること（デコーディング）における障害が基本である。単語認識における正確性かつ（または）流暢性の問題がある（まったく読めないわけではない。努力するとできる，または努力しても正確，流暢ではない）。読みの困難さが軽減しても，書字の障害は残ることが多い。

日本での有病率は0.7〜2.2%の間にあり，約1%程度と推測される（細川，2010）。男女比については，男児が約1.5〜3倍女児より多いといわれていたが，近年，男女差は認められないという報告もある。

発達性読み書き障害の場合は生まれた子どもの多くが読字困難だといわれており，関係する遺伝子が発見されている。

幼児期の症状では，会話はできるが文字への関心が乏しく，本を読もうとしないことがあげられる。しりとり遊びなど音韻認識の発達にかかわる遊びにうまく参加できない。自分の名前の読み書きを教えてもなかなか覚えられない。

学童期（小学生）には，文字の読み間違いが多く，音読を避け，書字が崩れやすい特徴がある。努力をしても国語や算数の成績が悪い。

発達性協調運動症（Developmental Coordination Disorder）は，協調運動技能の獲得や遂行に欠陥があり，日常生活の活動に支障を来すほど不器用だったり運動が緩慢だったりする場合に診断される。協調運動とは，複数の運動を1つの動作としてまとめあげる運動である。このような運動をする時には視覚・触覚・深部感覚（固有覚）・前庭感覚などの感覚を脳で統合し，複数の筋肉を協調して運動出力する。その結果を感覚からフィードバックし修正することで運動を遂行することができる。このいずれかの過程に障害がある。

このような子どもには姿勢保持の苦手さ，運動の苦手さ，手先の不器用さがある。手先の不器用さとは，書字，鉛筆・箸の持ち方，筆圧の弱さ，フリーハンドで線や図形を描くことの苦手さ，はさみ・コンパスなどの用具の扱いの困難さ，両手の運動を統合させて行う動作の困難さ（紐を結ぶ，蓋を開ける，ドアノブを回す，雑巾を絞るなど）などにおよぶ。

基本的に「できない」障害ではなく，「頑張らない（無理しない）とできない」障害である。今までは障害と認められておらず，支援対象ではなかった。有病率は，5～11歳の子どもの5～6％とかなり多い障害である。男女比は2：1～7：1で男子の割合が高い（American Psychiatric Association, 2014）。

このような子どもたちは自己評価が低く，抑うつ的になりやすいなどの傾向があるため，精神面への支援は重要である。

具体的な支援としては，ノート，プリント，解答用紙の書くスペースを大きくすることで書きやすさを確保する，書く量を減らす，写真撮影を許可する，座面や椅子を工夫する，などによって子どもに無理をさせないように対応することが大切である。

チックとは突然生じる，急速で反復する非律動性の運動か発声のことである。非律動性とはリズムがなく，不規則な動きをするという意味である。運動では顔しかめ，瞬き，舌だし，肩すくめ，首振りなどが，発声には溜息，唸り声などが突発するなどの症状がある。運動チックと音声チックの両方が存在する場合にはトゥレット症／トゥレット障害という。幼児期に発症することが多い。チックは「心因性」とみなされやすいが，遺伝的要因，父の高年齢，低出生体重などの環境要因が関係している

2.7節 | 発達障害を評価するとき

発達障害全般についていえることは，表面に現れた行動のみをみるのではなく基底にある認知特性から理解することが重要である。話すことよりも文字を早く覚える，計算はできるが文字が書けないなど，発達の違いを意識する必要がある。

特に自閉スペクトラム症は代償（compensation）行動で自分の苦手なところを隠そうとする（カムフラージュ）ことがある。例えば，友達付き合いが苦手な人が一人でいることを変に思われないように無理に人と付き合い，テレビの社交場面を正確に模倣する。長所（視覚認知，記憶）で弱み（社交能力）を補おうとするのである。

また発達障害は，それ以外の不安障害や気分障害などの精神疾患を合併しやすいことも注意が必要である。

2.8節 | 発達障害の支援原則

発達障害は生来性の特性であり，気分障害や統合失調症のように新たに生じる疾患ではない。特性や個性を尊重し長期にわたる支援（無理に変えない）を行う。子どものストレスを減らすために柔軟に対応し，発達の違いを認めていく。そして，長所を土台にし，弱点は多様な手段で補っていくことが必要である。不安や抑うつが生じた時は速やかに治療的介入を行うことが大切である。

　認知検査を実施し，心理アセスメントをとることが大事な役割である。心理アセスメントは非常に重要であるが，本書では触れないので心理査定の教科書などを参考にすること。医師から診断に関する情報を依頼されることも多い。子どもの場合は，発達検査や発達状態の把握をし，療育指導やカウンセリングをすることも多い。

練習問題

問1　DSM-5に記載されている知的能力障害について，正しいものを1つ選べ。（平成30年度第1回公認心理師試験　追試　問88）
① 幼少期までの間に発症する。
② 有病率は年齢によって変動しない。
③ IQが平均値より1標準偏差以上低い。
④ 知的機能と適応機能に問題がみられる。
⑤ 重症度は主にIQの値によって決められる。

問2　注意欠如多動症／注意欠如多動性障害〈AD/HD〉の診断や行動特徴として，不適切なものを1つ選べ。
（平成30年度　第1回公認心理師試験　問32）
① 女性は男性よりも主に不注意の行動特徴を示す傾向がある。
② 診断には，複数の状況で症状が存在することが必要である。
③ 診断には，いくつかの症状が12歳になる以前から存在している必要がある。
④ 診断には，不注意，多動及び衝動性の3タイプの行動特徴を有することが必要である。
⑤ DSM-5では，自閉スペクトラム症／自閉症スペクトラム障害〈ASD〉の診断に併記することができる。

引用文献

American Psychiatric Association, 日本精神神経学会 (日本語版用語監修). 高橋三郎・大野裕監訳. DSM-5精神疾患の分類と診断の手引. 医学書院. 2014

Germanò, E., Gagliano, A., & Curatolo, P. Comorbidity of ADHD and dyslexia. Developmental Neuropsychology, 35(5), 475-493. 2010

宇野洋太著. 内山登紀夫ら編. 子ども・大人の発達障害診療ハンドブック. 中山書店. 2017. pp.16-23.

宇野洋太, 高梨淑子, 内山登紀夫著. 内山登紀夫編. 発達障害支援の実際. 医学書院. 2017. pp.108-113.

参考文献

稲垣真澄・小枝達也編, 特異的発達障害の診断・治療ガイドライン, 脳と発達, 2010, 42巻, 2号, p.147-149.

文部科学省調査研究協力者会議. 学習障害児に対する指導について (報告). 1999. https://www.mext.go.jp/a_menu/shotou/tokubetu/material/002.htm

内山登紀夫. ライブ講義 発達障害の診断と支援. 岩崎学術出版社. 2013

第3章 統合失調症と統合失調症スペクトラム障害

DSM-5には「統合失調症スペクトラム障害および他の精神病性障害群」というカテゴリーがあり，この中には統合失調症（schizophrenia），他の精神病性障害，統合失調型パーソナリティ障害（schizotypal personality disorder）が含まれる。このカテゴリーに含まれる障害の主な特徴は妄想，幻覚，思考形式の異常，運動や行動の異常である。本章では主に統合失調症について解説し，「他の精神病性障害」については3.6節で要点を述べる。統合失調型パーソナリティ障害はパーソナリティ障害の章（第12章）で解説する。

統合失調症は最も代表的な精神疾患である。基本は青年期に発症し，幻覚・妄想などの目立ちやすい症状と，自発性の乏しさや喜びや悲しみといった感情を感じにくくなる，一見わかりにくい症状の組み合わせからなる症状を呈することが特徴である。

3.1節 統合失調症の原因

病前の脆弱性とストレスが要因として考えられている。病前とは統合失調症が発症する前の状態を指す。統合失調症は10歳以下の低年齢層では発症は稀であり，多くは思春期から青年期以降に症状が出現（発病）する。では病前はまったく「正常」だったかというと，病前にも脆弱性があるといわれている。脆弱性は，脳に何らかの統合失調症を来しやすい弱さがあり，そこにストレスが加わると発症に至るという見方であり，これを**脆弱性ストレスモデル**と呼ぶ。統合失調症の場合は先天的脆弱性として，先天的な遺伝子の異常や，胎内の神経発達障害の影響が，後天的要因としては思春期までの社会的環境や家庭内の諸問題が議論されている。統合失調症にとってストレスは重要な惹起因子であるが，ストレスだけで発病することはない。

統合失調症は長い歴史のある障害の1つである。最初に統合失調症に相当する疾患概念を提唱したのはクレペリン（E. Kraepelin）というドイツの学者で，19世紀に早発性痴呆という概念を提唱した。なお，現在「痴呆」という言葉は日本では使われず，認知症（dementia）という言葉を使う。

クレペリンは早期性痴呆を3つのタイプに分類した。破瓜病と緊張病（catatonia）と妄想性痴呆である。現在では破瓜型，緊張型，妄想型と分類することもある。クレペリンは，早発性痴呆は青年期に発病して段々と進行し，最後は人格荒廃に至ってコミュニケーションや対人行動ができなくなるといった転帰を想定していた。転帰とは最終的に病気がどのようになっていくかという意味である。

統合失調症[1]という言葉を最初に用いたのはブロイラー（E. Bleuler）である。ブロイラーはクレペリンとは異なり，発病時期は青年期だけとは限らず，なかには良い経過をとる人もいるため，転帰は多様だと考えた。彼は4つのAを提唱している。それは連合障害（Assoziationslockerung），感情鈍麻（Affektstorung），自閉（Autismus），両価性（Ambivalenz）である。ブロイラーは統合失調症の症状としてこれら4つのAを重視した。

統合失調症の症状は非常に多様であるが，「一級症状」を提唱したのがシュナイダー（K. Schneider）である。一級症状とは，「このような症状があれば統合失調症の可能性が非常に高い」という症状の分類である。一級症状としては，特有の幻聴，考想化声，対話性幻聴，口出しする幻聴，身体への影響体験，思考への影響体験，思考伝播（自分の考えが人に伝わると信じること），妄想知覚（聞いたものなど知覚したものが何かの意味をもっているように感じること），感情や意思への影響体験（自分の感情や意思に対して第三者が影響していると感じること）が挙げられる。

3.2節 ┃ 統合失調症の疫学

統合失調症は非常に多い障害である。人口の約1%に存在し，男性のほうが少し多いといわれている。重要な考え方に「好発年齢」があり，その年齢になるとその病気になりやすいことを指している。疾患や障害によって症状が始まる年齢が異なり，例えば，自閉症は2歳までに症状が始まり，認知症は当然老年期に多い。統合失調症は比較的若い人に多い病気である。総合失調症の好発年齢は，男性では18歳から25歳程度，女性ではもう少し遅い20代以降といわれている。

---

1 統合失調症はドイツ語ではschizophrenie（シゾフレニー），英語ではスキゾフレニア（schizophrenia）と発音する。医療機関では，スタッフの間で"エス"や"シゾ"などと呼ぶことがある。

統合失調症に関して意外と知られていないのは，自殺のリスクが高いということである。自殺というとうつ病のイメージが強いが，統合失調症の人の10％が自殺し，また20％から40％の人が疾病の経過中に少なくとも1回は自殺を試みるといわれている。総合失調症患者の自殺のリスクファクター（危険因子）としては，男性，年齢が45歳以下，抑うつ症状，絶望感，あるいは無職，最近の退院（精神科の病院に入院して治療を受け，最近退院した状態）などが考えられている。

3.3節　統合失調症の病因と病態

　統合失調症の原因として，遺伝的要因と環境要因の両者が関係している。

　遺伝的要因については，さまざまな家族研究がされている。統合失調症の父親や母親をもつ子どもは，そうではない子どもよりも統合失調症の発症率が高いことがわかっている。一般の人では前述のように人口の約1％が統合失調症を発症するが，どちらかの親が統合失調症の場合，生涯発症危険率（一生のうちに発症する危険率）は10％であり，一般の約10倍に達する。遺伝的には遺伝子がほとんど一緒の一卵性双生児の場合は統合失調症発症の一致率が約50％，二卵性双生児の場合は一致率が約10％といわれている。この「一卵性のほうが二卵性より一致率が高い」ということが，遺伝が関与していることを意味する。遺伝様式に関してはさまざまな養子研究が存在する。例えば，統合失調症の親の元に生まれた双子を，別の人に養子に出された人と養子に出されなかった人を比べた研究では，いわゆる成育環境よりも遺伝的要因が強く関係していることがわかっている。遺伝様式はさまざまだが，単一遺伝子ではなく，効果の小さい多数の遺伝子が脆弱性に関与している。このタイプの遺伝を多因子性遺伝[2]と呼ぶ。

　遺伝以外の要因として，いわゆる**環境要因**が挙げられる。出生時の低体重や，新生児期の仮死，あるいは子宮弛緩，妊娠時の糖尿病等が影響していると考えられている。以前は家族内要因として，統合失調症をつくる親仮説

2　メンデルの遺伝で学習したエンドウマメの形質は1組の遺伝子によって決まるが，ヒトの知能指数や身長には多くの遺伝子が関与している。2組以上の遺伝子によって決定される形質をポリジーン形質と呼ぶ。形質のなかには知能指数や身長のように，連続的な形質がある。このような形質は，複数の遺伝子座の遺伝子産物機能の総和と環境要因の相互作用によって決まる。このような形質に関係する遺伝を「多因子性遺伝」と呼び，高血圧や糖尿病が代表である。多くの精神疾患も複数の遺伝子によって支配され，環境要因も関係している。

（スキゾフレジェニック・マザー），つまり母親のある特徴により子どもが統合失調症になりやすいといわれた時代があったが，現在は根拠が乏しく否定されている。このような説は家族に対して非常に大きな罪悪感を与えるため，慎重になるべきである。

　神経科学的変化として，脳の中に多数存在する神経伝達物質のうち，総合失調症はドパミンの影響を受けているというドパミン仮説が有名である。抗精神病薬はドパミンのＤ２受容体を遮断する作用があり，それによって幻覚や妄想を抑える（抗精神病薬の詳細は14章を参照）。

A. 中核症状

　多くの精神疾患には特異的な検査所見はなく，症状や経過から診断を行う。統合失調症による症状は多様であるが，中心となる症状のことを中核症状という。総合失調症の中核症状は妄想（多くの場合は被害妄想），幻覚（多くの場合は幻聴），解体した思考・会話，まとまりのない言動，緊張病性の行動，陰性症状などである。

　「解体した思考・会話」とは，思考や言動がまとまらないことで，この症状の人と会話をすると，相手が何を言っているかよくわからないといった状況になりやすい。緊張病性の行動は，行動が非常に少なくなったり緩慢になることをいう。極端な場合は無動無言状態になるが，無動無言であっても意識はあり，周囲の出来事もわかっており本人は精神的に緊張している，といった状態である。妄想や幻覚は自ら語ることもあるし，聴きだすことで明らかになる。一般の人には通常はない症状であり，このような症状を**陽性症状**という。統合失調症は特に慢性期になると，**陰性症状**をどうケアするかが重要になる。陰性症状とは感情鈍麻（元々豊かにあった感情が鈍感になる）や，考えることが段々と貧困になり，考えや感じ方が平板になっていく症状を指す。意欲の低下や引きこもりも陰性症状に含まれる。

　陽性症状，陰性症状といった見方は統合失調症に特有であり，**表3.1**のように整理して覚えておこう。

B. 主な症状

　統合失調症では多彩な症状が出現する。また病期（発病後急性期なのか慢

表3.1　陽性症状と陰性症状

陽性症状	幻覚, 妄想, 思考障害, 奇異な行動
陰性症状	感情鈍磨, 貧困な思考, 意欲の低下, 引きこもり

性期なのか）によって主な症状が異なる。症状を，ｉ）思考障害，ⅱ）幻覚，
ⅲ）感情障害，ⅳ）意欲・行動障害，ⅴ）自我意識障害に整理して検討する
ことが多い。以下に順に説明する。

ｉ）思考障害

　思考障害は，思考形式の異常と思考内容の障害に分けられる（**表3.2**）。

表3.2　思考障害

①思考形式の異常	連合弛緩, 減裂思考, 言葉のサラダ, 言語新作
②思考内容の障害：妄想	・被害妄想, 関係妄想, 迫害妄想, 注察妄想, 被毒妄想, 憑依妄想など ・誇大妄想（血統妄想, 宗教妄想, 恋愛妄想） ・一次妄想：妄想気分, 妄想着想, 妄想知覚 ・二次妄想

①思考形式の異常のうち，**連合弛緩**は言葉の論理や思考のつながりが弛緩し
　ていることを指す。例えば，天気予報で明日雨が降ると言っている場合，
　通常は今日のうちに傘を準備しておこうとなるが，思考のつながりが弱く
　なると，明日は雨が降りそうだからお弁当をちゃんと準備しよう，といっ
　た，言葉の論理がつながらなくなり，結果として意思疎通が難しくなる。
　これが悪化すると，**減裂思考**という思考が減裂になって何を言っているか
　わからない状態になり，さらに極端な場合は**言葉のサラダ**という，言葉や
　単語がパラパラと出てきて，その間につながりがないといった状態になる。
　言語新作とは，自分で勝手に新しく言葉を作ってしまう状態である。例え
　ばペットボトルと言われているものをシャープペンと言ってしまう，また
　はまったく新しい言葉を作ってしまい，結果として意思疎通が難しくなる
　状態である。
②妄想は思考内容の障害に分類される。統合失調症で多いのは**被害妄想**であ

り，相手が自分をばかにしていると確信する。関係妄想は，異常な関係づけを指し，関係がないのに関係があると思ってしまう妄想である。例えば，すれ違ったときに相手の人がくしゃみをすると，自分をばかにしていると関係づけてしまう。迫害妄想は名前のとおり自分が迫害されていると妄想すること，注察妄想は観察されている，見られていると妄想することである。被毒妄想は毒を盛られているという妄想で，憑依妄想は，例えばキツネが自分に憑いているなど，何かに憑かれていると妄想することである。西洋では狼憑きがある。

　誇大妄想は自分を特別のものとして過大評価する妄想である。自分の血統は優れている，例えば自分は大名家の子孫である等の血統妄想，自分は神の使い，あるいは神だとするなどの宗教妄想，自分は多くの異性に愛されているなどの恋愛妄想をもつ人もいる。

　妄想は一次妄想と二次妄想に分類することもある。二次妄想は，状況からみて何らかの説明がつく妄想である。恋人が欲しいと思っている人が誰かに出会い，その人に少し優しくされると，自分はその人に愛されていると妄想する，といった心理学的に説明がつく妄想を二次妄想という。二次妄想は統合失調症に限らず，さまざまな疾患でみられる。

　一方，一次妄想は，比較的統合失調症に多い障害であり，妄想の出現を心理的な因果関係で説明することができない。一次妄想には妄想気分，妄想着想，妄想知覚がある。妄想気分とは，特に理由なく世界が破滅しそうな気分になる，妄想着想は突然妄想を思いつくこと，例えば突然に自分は世界を救うためにやってきたと思いつくことである。妄想知覚とは，知覚刺激に意味付けをする。例えば，道に止まっている車を見て，あの車は俺を尾行していると思ったり，あるいは「ピンポン」と鳴るベルの音を聞いて，あのベルは自分をばかにしていると思ったりするという，聞いたものや見たものに対して妄想的な意味付けをしてしまうことである。

ii）幻覚

　統合失調症の幻覚にはさまざまなものがある。幻覚というと幻視を考える人が多いが，それだけでなく，幻聴や体感幻覚も含む。その中で見えるのを幻視，聞こえるのを幻聴と呼び，統合失調症で一番多いのは幻聴である。幻聴は，何かが聞こえてくる，特に自分をばかにしているような声が聞こえてくるというものが多い。体感幻覚は自分の体感，つまり体の感じ方に幻覚があることで，例えば，自分の腸は曲がっている，自分の体の中に虫がはって

いるといった幻覚を訴える人もいる。また幻視として，何かが見える，お化けが見える，死んだ母親が見えるといったことを訴える人もいる。

iii）感情障害[3]

統合失調症の感情障害は，喜怒哀楽の表現のあり方や他者の感情表現への共感についての障害をいう。感情鈍麻と感情の不調和がある。感情鈍麻とは，段々と喜怒哀楽といった感情が鈍くなること，例えば，今までだったら感動していた音楽を聴いても感動しないといった状態になってくる，感情が刺激に鈍くなり，平板化する。感情の不調和とは，悲しい話をしているのに楽しそうに話す，中身は悲しいのに表情は楽しそうだったりする，あるいは中身は嬉しい話なのにとても不安そうに話す，といったように実際の感情と表出の調和がとれていない状態である。

iv）意欲・行動障害

意欲・行動障害も統合失調症に多い障害の1つであり，緊張病性昏迷，緊張病性興奮，カタレプシー，反響言語・反響動作，常同症，衒奇症などがある。

ヒトは自分の意志によって行動するが，同時に意志によって欲求を抑えることもできる。意志の障害の最も明らかな表現は「昏迷」であり，意識が清明なのに表出や行動などの意志の発動がない状態である。このような状態は，統合失調症では**緊張病性昏迷**といわれる[4]。意欲の減退は，段々と意欲がなくなってきて何もしたくなくなることである。精神科病院では病室の中でじっと閉じこもって座っていて，何もしないという人に出会うことがあるが，これは意欲の減退が非常に重症化した例である。

緊張病性昏迷の状態でも本人は周りの状況がわかっていることが多く，症状が良くなってから，当時の周りの状況を説明することもある。一方，**緊張病性興奮**は激しい興奮状態や過剰な動きを示す場合を指す。上記した緊張病の症状であるが，急激に生じる精神運動興奮で，状況と無関係で了解不可能な興奮を指す。緊張病性昏迷と緊張病性興奮は交互に出現することもある。

カタレプシーは動きが特定の姿勢で止まってしまうことである。例えば，手を挙げた状態でずっと同じようにしているといったように，筋緊張が強く

3　「感情障害」と似た用語に「気分障害」がある。統合失調症の「感情」は喜怒哀楽の表現の問題で，英語ではemotional expressionと表現される。一方，気分障害の「気分」は英語ではmoodであり，気分の高揚（躁状態）や低下（抑うつ）についての用語である。
4　うつ病で同様の状態を「うつ病性昏迷」，ヒステリーの場合を「ヒステリー性昏迷」という。

不自然な姿勢を保ち続ける状態がある。

反響言語とは相手が言ったことをそのまま繰り返すことであり，**反響動作**は，相手がした動作を繰り返すことである。例えば，患者と話していて，「最近，調子どうですか」と言うと，「最近，調子どうですか」と聞いてくる，それが反響言語であり，じゃあ，診察しましょうと舌圧子をとって，舌を押さえようとすると，その人も舌を押さえようと自分の手を出す，そのような動作が反響動作である。統合失調症の場合は自己の意志発動性の低下による被影響体験の亢進状態と考えられている[5]。

常同症は同じことをずっとやっている状態のことを指す。例えば同じところを行ったり来たりする，同じところをくるくる回っている，などが挙げられる。

衒奇症は変わった動作や，芝居じみた言葉使い，踊りを踊っているような動作をずっと繰り返しているような状態であり，総合失調症で時折みられる症状である。

ⅴ）自我意識障害

我々の自我というのは連続しており自分は自分であるということがわかっているから自我があり，また自分で行いたいと思ったことは自分で行うことができる。通常，我々は，特に意識しなくても自分で能動的に発言したり行動していると感じている。自我意識障害は統合失調症に比較的特徴的であり，自分がやっているという意識が脅かされる，自分というものが圧迫される，自分というものがなくなってくる，といった体験が生じる。例えば，自分が今考えていると思っているのに，他者から考えろと言われているような気になっている。自分という主体が段々となくなってくる，冒されてくるといった状態になる。また，通常はお腹が空いたと感じたときに自分で能動的にご飯を食べるが，能動性の障害の場合，自分がその行為を行っているという意識が段々と少なくなってくる。自我意識障害の例として，離人感，させられ体験，自生思考，思考奪取，思考吹入，思考干渉，考想察知，考想伝播などがある。

離人感というのは，自分と相手の間に何かが入っているような，現実感がないような状態である。患者はよく，「先生と話していても間に何か霧があ

5　自閉スペクトラム症でも表面的には同様にみえるエコラリア，エコプラキシアが生じる。このメカニズムはよくわかっていない。

るみたいです」というような言い方をする。また，ある患者は自分の手を見て，「これが本当に自分の手かどうかがよくわからない。頭ではわかっているし，自分で手を動かせるから自分の手ということはわかっているけれども，実感がない」という。そういった症状が離人感である。つまり身体感覚にそれが自分のものだという所属意識が乏しくなる。自己所属感の障害といってもいい[6]。

させられ体験とは，誰かに何かをさせられているという体験である。例えば，先ほどのお腹が空いたときにご飯を食べるという動作では，統合失調症の患者は時々，自分で食べるのではなくて誰かに食べさせられていると感じる。自我が乏しくなっているため，患者にとっては自分がしたいことではない，誰かにさせられているといった辛さを感じることがある。

自生思考とは自分の中で色々な感情が湧いてくることである。考えたくなくても考えてしまう，例えば，考えたくなくても，世界が破滅したらどうなるのか考えてしまう。**思考奪取**は思考を取られてしまう，誰かに自分の考えていることを取られてしまうと訴える。**思考吹入**は思考を吹き込まれる，自分の考えたくないことの思考を吹き込まれることである。**思考干渉**は自分の思考に誰かが干渉してくることで，これらの状態はすべて自分という者，自我が危機に瀕することになり，患者の不安は非常に強くなる。

考想察知は自分の考えが人に知られてしまうことであり，**考想伝播**は人の考えていることがわかってしまうことで，テレパシー体験と呼ぶこともある。

統合失調症で重要な特徴は，以上に挙げたようなさまざまな幻覚や妄想，自我の障害はあっても，意識と知的能力は保たれているということである。

C. 総合失調症のタイプ

統合失調症のタイプは，妄想型，破瓜型，緊張型，単純型に分けるのが一般的である（**表3.3**）。

妄想型はその名の通り妄想や幻聴を主に示すもので，30歳以降の比較的高年齢で発症し，陰性症状は目立たない。

破瓜型[7]の場合は妄想や幻覚ははっきりとしないものの，徐々に感情や意欲の障害が認められ，何となく元気が出ない，何となくいろいろなことに感

6　憑依体験も自己所属感の障害であり，ヒステリーや統合失調症で生じる。
7　破瓜期とは女子の月経の始まるころの俗称。瓜の字を分解すると2つの八の字になることから，16歳をこのように称することに始まったという（出典：平凡社百科事典マイペディア）。

表3.3　統合失調症のタイプ

妄想型統合失調症	妄想・幻聴を主に示す
破瓜型統合失調症	感情・意欲の障害，思考障害を主に示す
緊張型統合失調症	緊張病症状を示す 興奮と昏迷
単純型統合失調症	症状がはっきりしない アスペルガー症候群との鑑別が問題になることがある

動しないといった状況になる。思春期から青年期に発症し，幻覚・妄想よりも感情や意欲の障害が目立つ。この破瓜型の人は，統合失調症に慣れていない内科医やカウンセラーから感情意欲の障害があり元気が出ないので，うつ病ではないかと精神科に紹介されることがある。スクールカウンセラーが不登校の高校生から長期間にわたってカウンセリングを継続しているうちに徐々に病気が進行することもある。中学生以降になれば，幻覚や妄想がなくても意欲が出ないことを家族や教師が心配する子どもの中に破瓜型の統合失調症の場合もありうるということは留意すべきである。

　緊張型の統合失調症は，破瓜型と同様に思春期・青年期に発症する。上記した緊張病の症状を示し，興奮と昏迷を繰り返す。破瓜型と比べると予後が良いことが特徴である。

　単純型統合失調症という分類もあり，この場合は幻覚や妄想，あるいは思考障害がはっきりせず，陰性症状が中心である。アスペルガー症候群の人が，時々この型と診断されていることもある。

3.5節｜｜統合失調症の経過と予後

A. 経過

　統合失調症は発症前は特に目立った特徴はなく，多くは思春期以降に発病する。一般的に統合失調症のイメージとして幻覚や妄想が思い浮かべられることが多いが，症状が目立つ時期に幻覚や妄想が特に強く出る。発病前には気分が「わさわさ」し「何かエネルギーが高まったりする」といった時期があり，この時期を前駆期と呼ぶ。前駆期にエネルギーが高まり，急性期になると急に悪化して，幻覚や妄想が出現する。その後は消耗期といって元気が

ない時期があり，その後徐々に回復してきて安定期になる，といった経過をとることが多い。回復期や安定期は外から見ると普通の人に見え，一般の人には障害がわからないことも多い。

　統合失調症は常に経過に注意を払う必要がある。今の状態だけを見て判断するのではなく，過去，悪い時期はどうだったかということを聞かないとうまく治療はできない。症状は人によって異なり，安定期の後でまた悪くなる人もいれば，急性期がないまま軽い山ぐらいで済む人も中にはいる。**図3.1**の経過が典型的なものである。

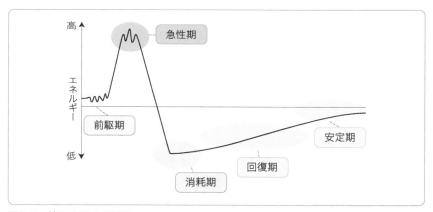

図3.1　統合失調症の経過

B. 予後

　予後とは「病気が将来どうなるか」ということである。統合失調症の予後については**表3.4**に挙げた4分の1説が有名である。一般論としては，4分の1は完全に回復し，あとの4分の1はかなり改善し，比較的自立する。あとの4分の1は，改善するけれどもまったくの自立は難しく何らかのサポートが要る状態，最後の4分の1は欠陥状態として，いわゆる精神科の病院の中でずっと閉じこもったり，家庭にいても部屋に閉じこもったりして何もしない，あるいはコミュニケーションをとっても家族とだけ，といった状態になる。

　予後は時代とともに変化し，最近では約半数は完全あるいは軽度の障害程度に回復するといわれている。統合失調症の診断を本人や家族に告知する場合，予後について説明することは重要である。その場合，家族や本人が聞き

表3.4 統合失調症の予後と予測因子

総合失調症の予後 （4分の1説）	完全回復 かなり改善（比較的自立） ある程度改善（自立は困難） 欠陥状態
予後予測因子	予後が比較的良いのは：急性発症，高年齢発症，誘因があるもの，病前の社会適応が良いもの，遺伝的背景が薄い

たいことは，この病気は将来どうなるかということである。

　予後が比較的良い条件というのはわかっており，急性発症（急に発症すること）したほうが早く良くなる。急に悪くなり，途端に落ちたほうが良くなり，逆に徐々に悪くなってくる人はなかなか良くならない。急性発症のほうは症状が目立つために一見重症のように見えるが，実際はそうともいえず，急性発症のほうが比較的良くなることが多い。

　また，30歳や40歳など，比較的年齢を高くして発症する場合（高年齢発症）の方が予後は良い。また，はっきりとした誘因があるもの，例えば受験に失敗した，失恋した，会社で大きな失敗をしたなどは予後は良くなる。また，病気になる前の社会適応がいい場合も予後は良くなる。逆に遺伝的背景が強いと予後は厳しくなる。児童期発症の統合失調症の予後は良くない。

C. 慢性期

　統合失調症は時期によって症状が異なり，急性期に目立つ興奮，不安，幻覚，妄想などの陽性症状は薬物療法により軽快し，慢性期に移行することが多い。その後は陰性症状が主体となるが，幻覚や妄想が継続することもある。この場合も，質問してはじめて幻覚や妄想が確認されることがある。

3.6節 | 統合失調症スペクトラムに含まれる「他の精神病性障害」

　統合失調症スペクトラムに含まれる他の精神病性障害として，主なものとして以下の4つが挙げられる。

①**統合失調感情障害**（schizoaffective disorder）：幻覚や妄想などの統合失調症の症状と同時期に抑うつエピソードや躁病エピソードがみられる。

ただし，抑うつエピソードや躁病エピソードのない時に，2週間以上幻覚や妄想が存在する時期があることが診断のために必要である。

②**妄想性障害**（delusional disorder）：1つあるいは複数の妄想が1ヶ月以上続いて，それ以外に目立った症状がない場合を指す。タイプとしては，被愛型，誇大型，嫉妬型，被害型，身体型などがある。被愛型というのは自分が愛されているという妄想，誇大型は自分が偉い，血統がいい等の妄想である。嫉妬型は，例えば，パートナーが浮気していると嫉妬をもつ等の妄想，被害型は被害妄想，身体型は自分の体にどこか問題があるという妄想で，例えば，腸がゆがんでいるとか，胃と腸が反対についているなどを訴えることがある。

③**短期精神病性障害**（brief psychotic disorder）：症状が1日以上1ヶ月未満続くことを指す。最初の数日だけを見ていると統合失調症の症状であるが，1ヶ月以内に元に戻るといった場合に短期精神病性障害という。統合失調症の基本的には慢性の障害であるが，短期でエピソードが消失する場合が短期精神病性障害に当てはまる。

④**統合失調症様障害**（Schizophreniform disorder）：統合失調症に似ているが，そのエピソードが1ヶ月以上半年以内で収まるといった場合を統合失調症様障害という。これらの考え方には，あくまで統合失調症は長く続く障害であるという背景が存在する。

表3.5　統合失調症以外の「統合失調症スペクトラム障害および他の精神病性障害群」の要点

統合失調感情障害	統合失調症の症状と気分障害の症状がみられる
妄想性障害	1つあるいは複数の妄想が1ヶ月以上続き，それ以外の目立った症状がない タイプ：被愛型, 誇大型, 嫉妬型, 被害型, 身体型
短期精神病性障害	妄想や幻覚などの症状の持続期間が1日以上1ヶ月未満
統合失調症様障害	エピソードの持続期間が1ヶ月以上6ヶ月未満

3.7節 ‖ 統合失調症の治療

A. 治療

統合失調症の治療の中心は薬物療法であり，抗精神病薬を主に用いる（第

14章参照）。特に幻覚や妄想といった陽性症状には，薬物療法が効果をあげやすい。薬物療法だけではうまくいかない場合に，電気ショック療法を行うこともある。これは脳に電気を流し，それによって治療する方法である。精神療法も並行して行われる。統合失調症に対しては，患者の抱える悩みや不安を共感的に傾聴し，現実的な治療目標の設定を行うタイプの精神療法を行う。このような方法は支持的精神療法[8]と呼ばれる。

　家族との関係は治療上重要である。怒りや喜び等のさまざまな感情を強く出す家族，つまり，家族の感情表出（expressed emotion：EE）が高いタイプのほうが統合失調症の予後が悪く，感情表出があまりなくさらっとしている場合のほうが良い。expressedは表出された，emotionは情緒あるいは感情であり，家族のEEが高いと患者は再発率が高い。看護師などの医療従事者の感情表出も再発に影響を与えることがわかってきた。

B. 治療と支援

　治療を考える際には，何が目標かということを意識する必要がある。例えば，幻覚，幻聴や妄想を何とかするために幻覚や妄想が治まるまでどんどん薬を使っていくという考えもあるが，多少幻覚や妄想があっても，仕事ができて，すっきりと過ごせるほうが良いこともある。その人のQOL（生活の質）をどう高めるか，どう維持していくかが目標になる。

　また，服薬アドヒアランスという用語を覚えておく必要がある。これはきちんと服薬をしているかどうかを指す。服薬をやめることが再発の一番大きな要因になる。統合失調症の場合はきちんと薬を飲む必要がある人が多いが，良くなってくると家族や本人がもう良いのではないかと考えて服薬を中断し，精神科医には「きちんと飲んでいます」と嘘をつくこともある。時にはカウンセラーに，「もう良くなったから服薬をやめてはどうでしょう」と言われて服薬をやめ，再発してしまう人もいる。統合失調症には長期にわたって服薬が必要な人が多いということを把握する必要があり，服薬をきちんとすることが再発防止に一番重要である。大きなライフイベント，例えば，失職や離婚といったショッキングな出来事も再発につながる。

　統合失調症では長期間にわたって精神病院に入院する患者の存在が課題に

8　支持的精神療法の対象は統合失調症だけでなく，ほとんどの精神疾患が対象になる基本的な精神療法である。

なる。精神症状が軽快してもさまざまな要因のために退院できない人がいる。そこで患者が地域で暮らせるように支援する地域移行支援に重点が置かれてきた。

3.8節 統合失調症への心理職の関与

統合失調症は慢性疾患であるため，支持的精神療法をはじめさまざまな心理療法が施されている。統合失調症がどのような病気で，服薬はなぜ必要かといったことを系統立てて伝えていく心理教育を行うことも重要である。社会生活技能訓練では，社会生活上の訓練，お金の使い方や挨拶の仕方，仕事の付き合い等を心理職が伝えていく。作業療法[9]が行われることも多い。

心理療法や作業療法は薬物療法の側面的援助という位置づけであり，薬物療法をメインにしながらこれらの療法も行い，社会復帰への支援を行う。心理職は心理療法や社会復帰の支援，また，その人の知的な状態や情緒の状態といった臨床心理学的なアセスメントも行う。

3.9節 統合失調症に特有の概念—精神病未治療期間，前駆期とARMS

統合失調症の特徴として，**精神病未治療期間**（Duration of Untreated Psychosis：DUP）という概念がある。比較的統合失調症に特徴的な考え方である。これは精神病発症から受診に至るまでの時間は短いほど予後が良いという考え方であり，例えば，幻覚や妄想が出たときを精神病発症とすると，その後可能な限り早めに薬物療法をすることが大事だとされている。

薬を使いたくない，精神科に行くのが嫌だという理由で，明らかに発症しているのに病院に来ない人も一定数いる。そのような人の一部はカウンセリングを受けていてカウンセリングでの対処がされているが，統合失調症が疑われる場合には，早めに医師に相談することが望ましい。

また，統合失調症には，先述のように前駆期という概念がある（図3.1参照）。この時期に気分が「わさわさ」して不安が強く，感覚過敏になったり

9　地域活動や余暇，仕事，入浴などの日常生活に関わるすべての活動を「作業」と捉え，作業に焦点を当てた治療や支援を行うことを「作業療法」と呼ぶ。作業療法を行う専門家が作業療法士である。

する。本人も非常に辛い時期であり，この時期に統合失調症を疑い，なるべく早めに治療を始めることが必要である。関連してARMS（at-risk mental state：発症危険状態）という概念がある。これはまだ統合失調症がはっきりと始まってはいないが，色々な予兆や前駆症状があり，精神病発症のリスクが高まった状態のことを指す。この状態で薬物療法を始めたほうがいいのかには議論がある。

練習問題

問1　統合失調症の特徴的な症状として，最も適切なものを1つ選べ。
（平成30年度　第1回公認心理師試験　問103）
①幻視　　　　　　　　②観念奔逸　　　　　　　③情動麻痺
④被影響妄想　　　　　⑤誇大的な認知

問2　統合失調症の特徴的な症状として，適切なものを2つ選べ。
（平成30年度　第1回公認心理師試験　追試　問133）
① 複数の人物が自分の悪口を言っている声が聴こえる。
② 過剰に悲観的で，自分は貧しく，破産すると信じている。
③ 自分の考えが他人に伝わり，周囲に筒抜けになっていると思う。
④ 気分が高揚し，自信に満ちて，自分が世界の中心であると確信する。
⑤ 思考の流れが速くなり，考えが次から次に浮かんできて，話題が一定せず，会話がまとまらない。

参考文献
G. フーバー著. 林拓二訳. 精神病とは何か：臨床精神医学の基本構造. 新曜社. 2005
　　→統合失調症の症状を詳しく知りたい人向け

第 4 章

気分障害

4.1節 ‖ 気分障害の概念と分類

A. 気分障害とは

　気分障害（mood disorders）とは，気分の状態は一定範囲を超えて，高くなりすぎたり，逆に落ち込みすぎたりすることを主な症状とする障害の総称である。気分が高揚する躁状態と，気分が落ち込むうつ状態を繰り返す躁うつ病，うつ状態が続くうつ病，躁状態が中心の躁病などがある。

　躁うつ病についてはじめて記載したのは19世期のドイツの精神医学者クレペリンであった。当時の躁うつ病の概念はうつ病や躁うつ病を包括するものであり，うつ病は躁うつ病の中の1種類と考えられていた。DSM-5からはうつ病と双極性障害（後述）は治療の方法も異なることから，異なる疾患とされ，別れて記載されるようになっている。

　躁うつ病にはさまざまな分類があるが，古典的分類として内因性うつ病（単極型・双極型），神経症性うつ病，症候性・器質性[1]うつ病があり，心理職はいずれのうつ病についても関与しうる。

表4.1　躁うつ病の分類（古典的分類）

分類	原因
内因性うつ病（単極型・双極型）	不明
神経症性うつ病	受験の失敗，失恋などの心理的原因
症候性・器質性うつ病	膠原病，糖尿病，甲状腺機能低下症，脳腫瘍などの身体疾患が背景にある

　気分障害の患者はうつ状態に陥り，自分で気分を持ち上げようとしてもなかなか気分をコントロールすることができない。しかし，「気分が沈む」こ

1　症候性とはメンタルな問題の原因が身体疾患による場合をいい，器質性とは脳梗塞や認知症のように脳に明らかな異常がありメンタルな問題が生じる場合をいう。

とは誰にでもある。「気分の落ち込み」と気分障害との違いはどこにあるのだろうか？　気分障害では気分の変化の程度が強いという特徴がある。持続が長く，数週間，時として数年にわたる，さらに気分の落ち込みのために学校にいけない，家事ができないなどの機能障害が生じている場合に気分障害とされる。

　精神科領域では，統合失調症と躁うつ病の2つが内因性精神病と呼ばれていた。「内因」という概念は規定するのが難しく現在では使われることが減ったが，元々統合失調症や躁うつ病になりやすい体質の人がいて，時期が来ると元々もっていた病的状態が明らかになるといった考え方である。

　うつの症状がある時期のことを抑うつエピソード，またはうつ病相と呼び，躁の症状がある時期のことを躁病エピソード，または躁病相と呼ぶ。双極性障害は抑うつエピソード，躁病エピソードが両方ある障害を指す。すなわち，うつしかない場合は双極性障害には当たらない。躁病エピソードしかない人は少数ではあるが存在している。その場合も双極性障害と診断され双極性障害の躁病のエピソードとされる。双極性躁病という分類はDSM-5にはないことに注意しよう。

B．「双極性障害および関連障害群」と「抑うつ障害群」

　現在，DSM-5では「双極性障害および関連障害群」と「抑うつ障害群」は別のカテゴリーに分類されている。これは，薬の利き方や脳の状態が違うなどの研究知見に基づくものである。

i）双極性障害および関連障害群

　双極性障害および関連障害群には，双極I型障害（bipolar I disorder），双極II型障害（bipolar II disorder），気分循環性障害（cyclothymic disorder）があり，特に双極I型，双極II型は重要である（**図4.1**）。双極I型はいわゆる躁うつ病に相当し，1回またはそれ以上の回数の躁病エピソード，軽躁病エピソード，抑うつエピソードからなる（ただし抑うつエピソードはなくてもよい）。双極II型は少なくとも1回の抑うつエピソード，少なくとも1回の軽躁病エピソードがある。うつ状態と軽躁状態の両者が存在する点が重要である。

　以前は，軽躁病エピソードはあまり病的状態とはみなされない傾向があった。双極II型障害の患者は自らの躁をあまり意識していないことがあり，抑うつを主訴に来院することがある。この時，過去について聞き出すことが重

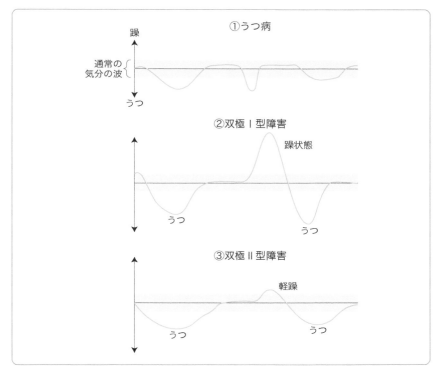

図4.1　気分障害の経過
双極性障害にはうつ状態，躁状態が明確に存在するⅠ型と，躁状態が軽いⅡ型がある

要であり，例えば，以前，高揚した気分，おしゃべりな状態，なんでもできるような気持ちが2，3日続いたようなエピソードがなかったかどうかを問診で確認することがその後の見立てのために重要である。

　気分循環性障害は2年間以上の期間，複数の軽躁病エピソードと診断基準を満たさない程度の抑うつエピソードがあることで診断される。つまり双極Ⅰ型，双極Ⅱ型ほどは重症ではない。

ii）抑うつ障害群

　抑うつ障害群（depressive disorders）では抑うつ状態がメインの症状となる。抑うつ障害群に含まれるのは，DSM-5で初めて登場した重篤気分調節症，うつ病／大うつ病性障害（major depressive disorder），軽い抑うつ気分が持続する持続性抑うつ障害（気分変調症），月経の前に気分が不快になる月経前不快気分障害（premenstrual dysphoric disorder），薬物やアルコールなどの物質によって引き起こされる物質・医薬品誘発性抑うつ障害，合併する医学的疾患による抑うつ障害などである。

　抑うつを来す理由には，医学的疾患，月経や薬物，アルコールなどの物質があることにも注意しておこう。

A. 有病率の3つの概念

　うつ病は回復と再発を繰り返すために，1つの指標で有病率をとらえることが難しく，複数の有病率の概念がある。

　まず**時点有病率**は，調査時点における，ある疾患に罹患している人の割合であり，調査時点で疾患と診断できる人がどの程度いるかを示す。**期間有病率**は一定期間（過去の6ヶ月あるいは1年）で疾患と診断できる人がどの程度いるかを示す。**生涯有病率**は生まれてから調査時点までの間で一度でも疾患の診断基準を満たした人の割合である。例えば自閉症の場合，よくなったり悪くなったり，ということが基本的にないので，時点有病率や期間有病率の概念を使うことはない。うつ病の場合は治ってしまえばうつ病ではなくなるので，このように3つの有病率概念を目的に応じて使い分けている。

B. うつ病と双極性障害の有病率

　うつ病のように頻度が高い疾患では多くの調査があり，調査によって有病率には幅がある。DSM-5によればうつ病の生涯有病率は12〜16％程度で，女性にやや多い。日本では6％程度とされる。

　双極性障害（I型）の生涯有病率はうつ病よりもはるかに少なく，アメリカでは1％程度，日本では0.4％程度である。好症年齢は比較的若く，うつ病では20歳代半ば，双極性障害では20歳前後である。性差には諸説があるが，うつ病では女性の生涯有病率が男性の2倍，双極性障害では男女に差はないとされる。

C. うつ病の合併症

　また，うつ病にはさまざまな合併症があるのが特徴である。半分以上の患者がなんらかの不安症を合併している。パニック症，強迫症，全般不安症，社交不安症，PTSDなどを合併することが多い。依存性パーソナリティ障害，

境界性パーソナリティ障害，強迫性パーソナリティ障害などのパーソナリティ障害も合併しやすい。

　身体疾患との合併が多いこともうつ病の特徴でもある。身体疾患があるとうつ病の有病率が高い。うつ病の合併が身体疾患の予後を悪化させるとされており，精神医学的な介入を適切に行うことで，身体疾患の予後も改善する。したがって，内科や婦人科など身体疾患の持病がある人の場合は抑うつ状態の合併に注意することが重要である。

4.3節 ‖ 気分障害の病因と病態

　気分の落ち込みや憂うつ感は誰でも状況により感じることがある。そのため，気分障害は一般に社会的環境要因が大きいと考えられがちである。しかし，生物学的要因も非常に大きい。まず，遺伝的な要因では第一度親族[2]のうつ病は一般人口の2〜4倍であり，遺伝率は40%程度[3]とされている。また，どちらが先かという議論は残るものの，うつ病以外の疾患，例えば，境界性パーソナリティ障害，不安症，物質依存などがあると生じやすいとされる。社会的環境要因としては，近親者の死亡，職務上の失敗，家庭内の不和，病気，昇進，引越しなどが挙げられる。中でも昇進など，一般的に好ましいことや引越しなどもストレスになり，うつになることがあることに留意すべきである。

　双極性障害においては特に遺伝的な要因が強い。したがって，家族や近親者の中に同様の病気をもつものがいないかどうかを聞くことは重要であり，もしそのような者がいる場合には患者に遺伝の関与があることを考慮する。

病前性格

　うつ病には病前性格（病気になる前の性格）[4]という概念がある。今日では否定的な見解も多いものの，臨床的な有用性を認めている専門家も多い。

2　医学では親子，きょうだいなど，遺伝的に自分と1/2の遺伝子を共有している者を第一度親族という。一親等，二親等などの呼び方は法律用語であり，意味が違うので注意すること。
3　これは，うつ病の親の子どもの40%がうつ病になるということではない。遺伝率は「表現型の全分散（ばらつき）に占める遺伝分散（遺伝で説明できるばらつき）の割合」である。直感的には「ある集団の中で相対的に，ある性質が後天的にどのくらい変わりやすい」かを表している。つまり，遺伝率が50%の形質より，遺伝率80%の形質の方が環境による影響を受けにくい。
4　病前性格は統合失調症，うつ病（および躁うつ病），てんかんを中心に議論されてきた。

古くは，クレッチマー（E. Kretschmer）が循環気質という概念を発表している。循環気質は，躁うつ病の病前性格を指し，社交的，陽気，活発，寂しがりや，人好き，肥満体に多いとされている。下田光造も躁うつ病の病前性格として執着性格という概念を提唱した。律儀で責任感が強く，物事にのめりこむ性格である。メランコリー親和型はテレンバッハ（H. Tellenbach）というドイツの精神科医が提唱し，日本とドイツを中心に議論されてきた。単極性うつ病の病前性格として，対人関係で他人のためにつくす，仕事面では几帳面で責任感が強い，道徳感情では秩序を重んじるなどの特徴がある。

4.4節 ┃ 気分障害の症状と診断

抑うつエピソードの基本症状としては，抑うつ気分，興味・関心や喜びの喪失，体重，食欲の変化，睡眠の変化，無価値感，自責感，思考力や集中力の減退，決断困難，精神運動性の焦燥，抑制，自殺念慮，自殺企図，疲労感，気力の減退，性欲減退や便秘，日内変動，妄想などがある。

日内変動とは午前中の抑うつ気分や制止が強く，午後や夕方に改善することで，うつ病の特徴の1つである。

うつ病でも妄想が生じることがある。自分が貧困だと確信する貧困妄想，取り返しのつかない過ちを犯したという罪業妄想，重い病気にかかっているという心気妄想がある。これらをまとめて微小妄想ともいう。共通しているのは自分を実際より低く評価し，劣っていると思い込む妄想であることである。

うつ病は体重や食欲の変化，睡眠の変化，性欲減退，便秘などの身体症状が多いことも特徴である。

躁病エピソードでは気分が持続的に高揚し，あけすけ（開放的）で怒りっぽくなる（易怒的）。さらに目標を達成するための活力や活動性が持続して亢進する期間が少なくとも1週間，ほぼ毎日，1日の大半にわたって継続する。気力・活動性の増加，過度の自尊心，誇大的思考，睡眠欲求の低下，多弁，観念奔逸（さまざまな考えが一度に湧きあがってくること），注意散漫，精神運動性の亢進，焦燥等の症状などがみられる。

混合病相

　双極性障害のある人で躁病エピソードと抑うつエピソードの症状が同時に生じる状態を混合病相という。興奮して多弁だが，気分は抑うつ的で自殺念慮が強いような状態を指す。双極性障害の躁病相とうつ病相の移行期に出現しやすい。

4.5節 ‖ 気分障害の経過と予後

　気分障害の経過はさまざまである。慢性化しやすい要因としては，パーソナリティ障害，不安症，物質使用障害の合併などが挙げられる。気分障害は再発が多く，再発をくり返すと再発率が上がり，慢性化しやすくなる。したがって，治療に際しては再発をいかに防ぐかが大切である。

　うつ病においても自殺のリスクは高く，予防が重要である。予防するためにはリスク要因を把握し，リスクが高い場合には，どのようにして自殺を防止するかが優先度の高い治療介入になる。リスク要因としては，男性，単身者，過去の自殺未遂歴，自殺の家族歴，物質使用障害などがあげられる。双極性障害とうつ病では，双極性障害のほうがリスクが高い。

　うつ病として発症し，うつ病の治療を継続中に躁病エピソードが出現し双極性障害に診断変更する場合もある。したがって，医師により「うつ病」の診断がされていても，カウンセリングの継続中に軽躁病エピソードや躁病エピソードが疑われる症状が出現した場合には，医師との連携が必要になる。

A. 特定の経過をとる気分障害

　うつ病にはいくつかのタイプがあり，次のような特定の経過をとる気分障害がある。

ⅰ）季節型

　うつ病における抑うつエピソードの発症が1年のうち特定の時期に生じる。典型的なケースでは，秋から冬にうつ病相期を呈し過眠と過食（特に淡水化物の渇望）を呈する。双極性障害でも抑うつ性障害でも季節型がありうる。この障害は日照と関係しており，高緯度地区に多い可能性がある。女性の方が多い。治療としては，毎日一定の時刻に一定の時間，通常の室内光の数倍から数十倍にもおよぶ高照度の光を照射する光療法が有効である。

ii）急速交代型

　大うつ病性，躁病，軽躁病，混合性エピソードが1年に4回以上繰り返す。

B．気分障害に類似・関係した障害

i）気分変調性障害

　神経症性うつ病とほぼ同じ概念である。病相期がなく比較的軽度な抑うつ気分が持続的に出現する。

ii）気分循環性障害

　2年間以上の期間，複数の軽躁病エピソードと抑うつエピソードに至らない程度の抑うつ症状を示す。

iii）身体疾患による抑うつ障害

　身体疾患によっても抑うつ障害になる。中枢神経疾患ではパーキンソン病，脳血管障害が抑うつ障害を呈しやすい。

　内分泌疾患ではクッシング病と甲状腺機能低下症がある。クッシング病は副腎皮質ステロイドホルモンの1つであるコルチゾールというホルモンが過剰に分泌され，満月様顔貌や中心性肥満など特徴的な症状を示す病気である。甲状腺機能低下症は甲状腺ホルモン値の低下，疲労感やだるさ，汗をかかない，食欲低下，寒気，無気力や眠気，記憶力の低下，抑うつ，動作緩慢などを呈する。

　全身性エリテマトーデス（SLE：systemic lupus erythematosus）もうつ病を合併しやすい。SLEは免疫の異常により引き起こされる自己免疫疾患である。本来は細菌やウイルスなどの外敵から身を守るための免疫系が，何らかの原因で自分の細胞に対する抗体を作ってしまい，自分で自分を攻撃してしまうために「自己免疫疾患」とよばれる。自己抗体（自分に対する抗体）や免疫複合体（抗原と抗体が反応してできる結合体）ができるのが特徴で，それにより全身の皮膚，関節，血管，腎臓などが侵される。皮膚発疹が狼に噛まれた痕のような赤い紅斑のようにみえるのが特徴で，発熱，全身倦怠感などの症状が生じる20～40歳代の女性に多い疾患である。

　身体疾患の治療薬（副腎皮質ステロイド，インターフェロン，降圧薬）や継続する飲酒によっても抑うつ状態が生じることがある。

iv）重篤気分調節症

　DSM-5で新たに抑うつ障害群に加えられた。かんしゃく発作（言語的暴力や物理的攻撃の程度が状況にそぐわないほど激しく，長期に継続し，週に

3回以上起きる），持続的な怒りや怒りっぽさがあり，それらが12ヶ月以上継続し，それらが学校と家庭のように2つ以上の場面で生じている。6歳未満や18歳以上では最初に診断すべきではない。発症は10歳以前である。この診断は7～18歳の年代でのみ使用される。6歳未満や18歳以上では診断しない。10歳以前に症状が発現し，児童期にはじまる障害である。慢性かつ重篤な焦燥感が継続する子どもを対象にした診断概念である。

　新しい障害名であるため，国内で診断がついているケースは多くないと考えられ，今後定着していくかどうかは未知数である。

　この診断が新たに作られた背景には，過去に子どもの双極性障害が盛んに議論されてきたが，予後調査から成人期にうつ病に移行することが多いことが明らかになってきたことがある。そのため，双極性障害群ではなく抑うつ障害群に加えられた。このような事例はADHDや自閉スペクトラム症と診断されていた可能性があるが，気分調節の障害という視点でも評価すべきとされている。

v）マタニティーブルーズ，産後うつ病，産褥期精神病

　マタニティーブルーズは出産直後から約1週間以内に生じるうつ状態である。涙もろさ，不安，抑うつ，情動不安定，困惑などを呈する。一過性であり自然に治癒する。したがって，積極的に治療するというよりは，そうした状態があることを周囲や本人が意識することが大切である。

　マタニティーブルーズよりも後になって生じるのが**産後うつ病**である。産後うつ病はうつ病と同じ症状が生じ，治療もうつ病に準じる。産後の産婦の10％程度に産後うつ病が生じる可能性がある。一部には躁病相が出現する。

　産褥期精神病は抑うつ障害群ではないが，便宜上，本章で説明する。出産後2週間までの早い時期に発病し，不眠，抑うつ，焦燥，妄想，幻覚などを呈する。新生児に対する妄想や不安を訴え，幻聴，幻覚，幻視，興奮，錯乱などを来す。自殺は少ないが，殺児念慮をもつことがある。

vi）児童期のうつ病と双極性障害

　うつ病は成人だけでなく子どもにも存在する。思春期以降に発症例が増えてくる。子どものうつ病では不安障害，ADHD，反抗挑戦性障害などの併存率が高く，青年や成人と比較して発達障害との関係が示唆されている。症状では焦燥感が目立つことが多い。

　また，児童期の双極性障害では急速交代型が多く，躁状態とうつ状態が急速に交代する。発達障害，特にADHDや反抗挑戦性障害，行為障害などを

合併しやすい。ADHDの1/3に双極性障害があるという報告もある。また，アメリカでは1990年代から子どもの双極性障害を積極的に診断する専門家が現れ，それについて慎重な専門家との間で議論が続いている。抗うつ薬は，小児や思春期の患者については自傷行為や情動不安定などの自殺関連事象のリスクが増加する可能性がある。

4.6節 ┃ **気分障害の治療**

　うつ病相期については十分な休養をとることが重要である。日常的なことから重大なことまで決断力が乏しくなっていることを理解し，決断することは精神的に過大な負担になるため，決断は先に延ばすことと，自殺のリスクが高いことから自殺予防が大切となる。家族に対しては診断を告げ，うつ病に関する説明を行い，無理な励ましや気晴らしの旅行などが好ましくないことなど，心理教育をする。

　双極性障害も同様に，再発率の高さ，自殺危険率の高さ，躁転（うつの人が突然，躁になること）の可能性があることなどの特徴に関する心理教育が大切である。

　躁病相期において，社会的逸脱行動（大量の買い物，性的逸脱，犯罪など）が激しい場合には入院も考慮する必要がある。

薬物療法

　抗うつ薬は効果発現まで時間がかかる（1〜2週間から場合によっては3〜4週間）。SSRI（選択的セロトニン再取り込み阻害剤。14章参照），四環系抗うつ薬，三環系抗うつ薬などいくつかのタイプがある。このように薬の効果が出るまでの期間が必要であることを，患者本人も支援者も理解する必要がある。

　躁病においてはリチウム，バルプロ酸，カルバマゼピン，抗精神病薬など，うつ状態にはリチウムや非定型抗精神病薬（クエチアピン，オランザピンなど）を使用する。

　双極性障害には抗うつ薬を使用すると躁状態になりやすいので，基本的に抗うつ薬は使用しない（14.3節C参照）。

　その他，病気のタイプによって電気けいれん療法（頭に電気ショックを与える方法。強迫症の治療に使うこともある）や高照度光療法，認知行動療法

を組み合わせる。

4.7節 気分障害への心理職の関与

　心理職の関与としてはまず，アセスメント（ロールシャッハテストなど），カウンセリング，認知行動療法などを求められる場合が多い。

　抗うつ薬は効果が生じるまで時間がかかることや副作用があることから，患者が服薬をせず，「薬でなく，カウンセリング」を希望することがある。心理職は処方をするわけでないが，抗うつ薬の効果が生じるまで時間がかかることや副作用については知っておく必要がある。また，うつ状態と捉えてカウンセリングを行っていく中で，急に躁状態になる（躁転）するケースが起きうることを意識する必要がある。

　身体疾患や薬物，アルコールによる抑うつ状態の場合は，身体疾患の治療や薬物の変更，アルコール依存に対する治療が重要である。

　自殺の危険が強い時は，常時対応できる医療機関と連携することも検討する。

　気分障害は若年者でも中高年でも頻度が高い（日本での生涯有病率6％）。心理臨床の場面において，気分障害が日常的に存在する病気で自殺のリスクも高いので，治療を中断しないようにすることおよび自殺のリスクを認識しておくことが必要である。

練習問題

問　うつ病にみられることが多い症状として，適切なものを2つ選べ。
（令和元年　第2回公認心理師試験　問57）
①心気妄想　　　　　　②迫害妄想　　　　　　③貧困妄想
④妄想気分　　　　　　⑤世界没落体験

参考文献
G. フーバー著．林拓二訳．精神病とは何か：臨床精神医学の基本構造．新曜社．2005
　　→気分障害の症状を詳しく知りたい人向け

第5章 不安症, 強迫症

第 **5** 章

DSM-5のカテゴリーのうち,「不安症群」「強迫症」「心的外傷およびストレス因関連障害群」「解離症群」「身体症状症」「食行動障害および摂食障害群」は神経症という概念に相当する。ただし, DSM-5では神経症の語は用いられていない。本章ではこれら神経症のうち, 不安症と強迫症について述べる。

ICD-9(1975) の神経症(neurotic disorders) の記述的定義

> 神経症は明らかな器質的基盤をもたない精神障害であり, 患者はかなりの洞察力をもち, 現実検討の力は損なわれていない。自分の病的な主観的体験や空想を, 外部の現実と混同することはない。行為はかなり障害されていても, 普通は社会で受け入れられる限度に留まっており, 人格は崩れていない。主な症状としては, 過度の不安, ヒステリー症状, 強迫症状および抑うつ状態などが含まれる。

※ICD-9はWHOの診断基準であり, 現在まで2回改訂されてICD-11が用いられている。ICD-11では神経症の語は用いないため, 現在でもICD-9(1975年発行) の定義が参考になる。

上記の定義において,「明らかな器質的基盤をもたない」とは, 脳の形態に明らかな異常がない, 認知症や脳卒中, 脳腫瘍のような明らかなCTやMRIで脳に異常がみられない, アルコールや薬物のような脳に直接作用するような薬の影響ではないという意味である。「洞察力をもち, 現実検討の力は損なわれていない」とは, 自分がどんな状態かがわかり現実が何かがわかることをいう。「行為はかなり障害されている」とは, 同じことを何度もくり返すなどの目立った強迫症状があったり, 歩けなくなるなどのヒステリー症状があることを指す。

A. 不安症群の概念

不安症群（anxiety disorders）は，恐怖または不安が過剰で持続していることが基本的な特徴である。

B. 恐怖と不安

恐怖とは，現実あるいは認知された脅威への情動反応である。自律神経系の反応（fight and flight）を伴うことが多く，交感神経が優位になった状態である。fightは戦う，flightは逃げるという意味であり，動物が外敵に出会って，戦ったり必死に逃げている場面を思い浮かべてほしい。心臓がドキドキし，目は見開き，体をめぐる血液量は増え，筋肉は活発に活動する。「その場」（例：突然，車に轢かれそうになった時）での情動反応が恐怖である。

不安とは，将来の脅威に対する予感（anticipation）である（例：来週の試験に落ちたらどうしようと思う）。将来の危険に対する筋緊張と覚醒度の高まりである。不安が強いと筋肉が緊張し，肩こりや頭痛のためなかなか眠れない。そのような時は，警戒し回避行動をとる。

C. 不安症群の分類

DSM-5では，分離不安症，選択性緘黙（かんもく），限局性恐怖症，社交不安症，パニック症，広場恐怖症，全般不安症，物質・医薬品誘発性不安症に分類される。「F 症状と診断」の項においてそれぞれについて解説する。

D. 疫学

多くは小児期に発症する。治療しないと持続する傾向があり，男性＞女性（2：1）となっている。

E. 不安症の病態

扁桃体の病的な活性化が基本的な病態である。前頭前皮質（前部帯状回など）の機能低下が不安につながる。

パニック発作（急にドキドキし，いてもたってもいられなくなる）は，乳酸，カフェイン，二酸化炭素などで誘発される。二酸化炭素化学受容器の過

敏性と関係している。このように，不安や恐怖は生理学的な背景が強く関係している。

F. 症状と診断

i）分離不安症（separation anxiety disorder）

　アタッチメント（愛着）の対象と分離することの苦痛，アタッチメントの対象を失うこと，病気，怪我をすることなどの過剰な心配（例：母親が死んでしまうのではないか，病気になるのではないかと思う，一緒でないと眠れないなど）が子どもによくみられる症状である。これらが，「分離恐怖」とつながる。不登校や不登園の子どもたちの中にもみられる。悪夢を見たり，さまざまな身体症状（例：お腹が痛い，頭が痛いなど）を訴える。小児期に発症し，成人期まで持ち越すこともある。

ii）選択性緘黙（selective mutism）

　特定の状況で話せない（話さない）状況のこと（例：自宅では話すが，学校では話さない）。社交恐怖（人付き合いが苦手）を合併することが多い。

疫学：比較的まれな障害であり，5歳未満で発症することが多い。経過はさまざまであるが，成長につれて話すようになることもある。「無理に話させないこと」が治療として大事になる。「しゃべらされることが一番辛い」と訴える子どもが多い。社交不安症など他の不安症を合併することが多い。

iii）限局性恐怖症（specific phobia）

　特定の対象（動物，自然環境（海など），高所，注射，血液，負傷など）や状況（閉所恐怖：バス・新幹線などすぐに降りられない乗り物を怖がる，など）に対する恐怖や不安を積極的に回避する。子どもでは，「泣く，かんしゃく，凍りつく，まとわりつく」などの行動が出現することがある。

　怖がり方が持続的で過度，現実の危険と不釣り合いであることが診断の根拠の1つになる。

　恐怖刺激（例：血液，高所，エレベーターなど）によって恐怖や不安が惹起される。症状の持続は6ヶ月以上で，本人が著しい苦痛を感じていたり，社会的・職業的な活動が十分にできなくなる。一人が複数の局限性恐怖症をもつことも多い。

　血管迷走神経性失神（例：ネズミを見ると叫び倒れる）が生じることもある。これは恐怖刺激が加わった際に初期の短時間の心拍数増加・血圧上昇に引き続く心拍数・血圧低下が起こる。末梢血管が開き，脳で血液が不足する

ためである。気分が悪くなりしゃがみこむなどの前兆があることもある。対処法として，横になる，しゃがみこむ，半身を高く上げて血液を脳に送るなどを行う。

vi）社交不安症（social anxiety disorder）

他人の視線を浴びる場面での恐怖・不安・回避がある。不安反応，かんしゃく，泣く，立ちすくむなどの行動が出現する。自分が否定的に評価されることへの恐怖が基本にある。不安反応は手の震え，発汗，赤面，動悸，下痢などで表現される。このような不安反応が人前で生じることへの予期不安がある。

恐怖の対象の社会的状況を回避しようとする。例えば，学校で皆の視線を浴びる恐怖から，登校，スピーチ，音読（学校），行事を回避する。このような状況が6ヶ月以上続く場合に診断される。

普段から従順で，自己主張しない，視線を合わせない，声が小さい，内気で引きこもりがちであったり，赤面しやすいなどの特徴がある人が発症しやすいが，診断される人は単なる内気では説明がつかないような重度の症状がある。

社交不安症では社会状況と行為状況に分けて評価することがある。社会状況とは人々の注目を浴びる人前で電話をかける，パーティーに行くなどであり，行為状況とは公共の場所で食事をする，公衆トイレで用を足すなどである。DSM-5では，恐怖が公衆の面前で話したり動作をしたりすることに限定されている場合をパフォーマンス限局型と特定する。

疫学：発症年齢は前思春期から思春期ぐらいである。アメリカの統計では，13歳が中央値であり，12ヶ月有病率は7％である。対人恐怖症（人と話すのが苦手。人と会って話すと顔が赤くなる）は，日本や韓国で多いといわれている。社会的評価に敏感であり，自分が他の人を不快にする恐怖を感じる人も多い。

心理テスト：症状評価尺度として，**リーボヴィッツ社交不安尺度**（Lebowitz Social Anxiety Scale：LSAS）の日本語版（**LSAS-J**）がある。LSAS-Jは社交不安障害を測定する目的で開発された尺度で，さまざまな行為状況と社交状況に対する「恐怖感／不安感の程度」と「回避の程度」を4段階で答えてもらうことで評点する。

v）パニック発作

パニック発作とは，突然，激しい恐怖や強烈な不快感の高まりが数分以内

でピークに達し，次の13の症状のうち4つ以上が生じるものである。①ド
キドキするなどの動悸，②発汗，③震え，④息苦しさ，⑤窒息感，⑥胸の痛
みや不快感，⑦嘔気または腹部の不快感，⑧めまい，ふらつき，⑨寒気また
は熱感，⑩異常感覚，⑪離人感，⑫気が狂うこと，⑬死ぬことに対する恐怖。

　パニック発作は次に述べるパニック症の主要な症状であるが，パニック症
のみに生じるわけではなく，PTSDなどの他の疾患でも生じる。

vi）パニック症／パニック障害（panic disorder）

　パニック症は2回以上反復される予期しないパニック発作があることで診
断される。予期しないパニック発作とは，特にきっかけなく出し抜けに生じ
ることを意味する。パニック発作を避けるために著しく不適応な行動上の変
化が生じる（例：発作が怖く仕事をしなくなる。大事な要件を反故にする。
ひきこもる）。

vii）広場恐怖症（agoraphobia）

　交通機関，広い場所（運動場など），閉鎖空間，列や群衆の中，家の外に
一人でいる時に，著明な恐怖または不安がある。逃げられない状況を考える
と恐怖を感じ，回避する。

　広場恐怖は英語ではagoraphobiaといい，広場に出ると強い恐怖を示
す症例報告から始まった。agoraは古代ギリシャでは集会場などを意味し
ていた。現在使われている広場恐怖は，恐怖の対象が広場に限定されない。
すぐに逃げ出せない，助けが来ない状況への恐怖全般を意味する。例えば渋
滞する高速道路の車中，すぐに降りられない電車の中，映画館，あるいは列
に並ぶような状況も含まれる。

viii）全般不安症（generalized anxiety disorder）

　何にでも強い不安，過剰な心配（予期憂慮）が6ヶ月以上持続して生じる。
心配を抑えられず，現実に比べて過度に悲観的で怒りっぽくなる人もいる
（例：子どもが修学旅行先で迷子になったらどうしよう，担任の先生とはぐ
れたらどうしよう，交通事故にあったらどうしようと不安になる）。下痢・
頭痛・肩こり・不眠などの身体症状を合併しやすい。不安のため落ち着きが
なく集中困難，疲労しやすいという特徴がある。

ix）物質・医薬品誘発性不安症

　アルコール，カフェイン，気管支拡張剤（喘息時に服用）などの物質や医
薬品で不安が生じる状態である。

G. 不安症の治療

　SSRIやSNRI（抗うつ薬）が最もよく使われている（SSRIとSNRIの詳細は14章参照）。治療効果だけでなく再発予防効果がある。長期使用に対しては依存のリスクがあるため，使用の際は薬の「止め時」を考える必要がある。

　ベンゾジアゼピン系抗不安薬を併用することもある。また，認知行動療法も有効である。

H. 不安症への心理職の関与

　心理学的アセスメントや認知行動療法などの治療に関与することが多い。症状評価尺度として，**状態－特性不安検査**（State-Trait Anxiety Inventory：**STAI**）を使用することが多い。他に**ハミルトン不安尺度**などもある。

　パニック発作は慣れない人にとっては重症感が強く，治療中に生じると治療者が焦ってしまいがちである。患者がパニック発作を起こした場合，まず，治療者が冷静になることが大事である。パニック発作で死亡することはない。前屈みに座ってもらい，ゆっくり息をする。息を吐くことが大事なため，時には一緒に呼吸をする。以前，推奨されていた過呼吸の際の紙袋呼吸法は，酸素が不足し危険な方法である。

　精神科を受診している場合は，医師の指示に従い薬を服用する。

I. 不安症群の特徴

　全般不安症は30歳前後で発症し，他の不安症より発症が遅い。経過は生涯を通じて慢性的で，治療は長期にわたる。「不安」はさまざまな精神疾患（統合失調症，認知症，発達障害など）で出現するため，特定の診断基準に該当するかだけではなく，患者の全体を評価する必要がある。抗不安薬の依存性が問題になっており，安易に処方すべきでないといわれている。それに代わり，SSRIなどの抗うつ薬を使う割合が高くなっている。

5.2節 | 強迫症および関連症群

A. 強迫症の概念

　強迫症（obsessive-compulsive disorder）は，強迫観念，強迫行為，またはその両方の存在が特徴である。観念は「考え」，行為は「行動」のことで，次の4つの基本的な特徴がある。

①自然発生的（患者の意志や意識からの独立。例：こだわりたくないのに自然にこだわる）
②抑制できないこと（例：手を洗うことを止められない）
③内的葛藤（止めたいのに止められない）
④疾患の意識（病的であることの自覚）

　例えば，重度の自閉症の子どもが物を並べる行為は，並べることが幸せであり葛藤がないため，強迫症とはいわない。一方，思春期の知的に高い自閉スペクトラム症の子どもが，手を何度も洗うなどの強迫行為を行うことがある。この場合，上記の4条件を満たしていれば強迫症と急性ストレス障害（6.2節参照）が合併していると考えてよいだろう。

B. 強迫症および関連症群の分類

　DSM-5では，強迫症，醜形恐怖症，ためこみ症，抜毛症，皮膚むしり症がある（**図5.1**）。

i）醜形恐怖症（body dysmorphic disorder）

　身体的な外見に過度にとらわれる。顔が醜いなどと訴える（例：「今日は醜くて外に出られないから，サングラス・マスクをしてきた」と言う）。

ii）ためこみ症（hoarding disorder）

　現実的に価値のないものを捨てられない。捨てようと思っても捨てられず，捨てることが苦痛である。いわゆるゴミ屋敷と報道されるケースの中には「ためこみ症」の人もいる。

iii）抜毛症（hair-pulling disorder）

　自分の頭髪，体毛などを反復的に抜く。部屋に髪の毛が落ちていることで家族が気付くこともある。「円形脱毛症」と誤解されることもあるが，これ

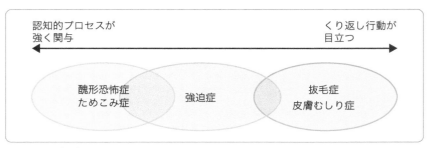

図5.1　こだわりのスペクトラム

は自己免疫疾患のため皮膚科で治療することが多い。抜毛症は精神科の対象である。

iv）皮膚むしり症（excoriation disorder）

自分の皮膚を反復的にかきむしるため，手を見るとむしった跡がある。

C．強迫観念

強迫観念は繰り返して持続的に生じる思考，衝動，イメージである。例えば「手が汚れていると考え何度も手を洗う」，「頭の中に『汚い手』というイメージが何度も浮かぶ」などである。これらの思考は侵入的（考えたくなくても頭の中に入ってくる）であり，強い不安や苦痛の原因になる。本人は無視したり押さえ込もうとしたり，別の行動（例：食事をしたりテレビを見たり）で紛らわせようとするが，振り払うことができない。

D．強迫行為

繰り返しの行動（例：手を何度も洗う）または心の中の行為（例：手はきれいだと心の中で言い聞かせる，祈る，数える，心の中で唱えるなど）で，苦痛や不安な出来事を避けるために行う（例：嫌なことは起きない，コロナに感染しないなど，自分に言い聞かせて行う）。「こだわる，○○しないと気がすまない，変化が辛い，きちんとしたい」と訴えることが多い。

E．強迫症の疫学，経過，予後

強迫症は青年期までに発症することが多い。男性の25％は10歳以前に発症することが多く，慢性化しやすい。

F．強迫症の病因と病態

前頭葉，大脳基底核領域の代謝・血流の活性化があるといわれており，その領域の病的過活動が持続・増強している。

環境要因としては，身体的・性的虐待，感染による自己免疫症候群がある。

G．強迫症の治療

SSRI，SNRIが最もよく使用され，三環系抗うつ薬や非定型抗精神病薬が用いられることもある。ベンゾジアゼピン系は使用しない。暴露反応妨害法（認知行動療法の一種）や，それでも回復しない重症の強迫症の場合は，

電気けいれん療法を行うこともある。

H. 強迫症への心理職の関与

　心理職は，精神療法や認知行動療法，暴露反応妨害法等を担当することがあるだろう（例：汚いものに触れない人にそれをイメージしてもらい，実際に少しずつ触ってもらう）。症状評価尺度としては，**Y-BOCS**（Yale-Brown Obsessive-Compulsive Scale）が有名であり，日本語版もある。慢性経過のため，長期にわたりカウンセリングが必要になることも多い。

I. 強迫症の特徴

　チック症との関連が深い。患者の家族が強迫に巻き込まれていることがある（例：子どもが母親に対して「今，咳をしないで」，「お母さんの手が汚いからもう一度拭いて」と言う）。このような場合を他者巻き込み型という（自分で強迫行為が完結している場合は「自己完結型」）。一般に強迫症は難治性であり，治療は長年におよぶことが多い。家族が患者から翻弄され，疲弊していることが多く，家族へのサポートも重要である。

練習問題

問1　パニック障害に最も伴いやすい症状として，正しいものを1つ選べ。
（平成30年度　第1回公認心理師試験　問26）
①常同症　　　　　②解離症状　　　　　③疾病恐怖
④社交恐怖　　　　⑤広場恐怖

問2　DSM-5の全般不安症／全般性不安障害の症状について，正しいものを2つ選べ。（令和2年　第3回公認心理師試験　問52）
①易怒性　　　　　②抑うつ　　　　　③強迫念慮
④社交不安　　　　⑤睡眠障害

参考文献
松永寿人. 強迫症の診断概念, そして中核病理に関するパラダイムシフト―神経症, あるいは不安障害から強迫スペクトラムへ―不安症研究. 6(2). 2015
　　→神経症, 不安障害, 強迫症の関係が解説されている

第 6 章

心的外傷および
ストレス因関連障害群

A. 概念と歴史

心的外傷およびストレス因関連障害群（trauma- and stressor-relat-ed disorders）は，激しいストレスになる出来事や環境を原因として症状が生じるものをいう。ここでいう激しいストレスとは，強い恐怖，重傷，性的暴力を受ける，死にそうになる体験などをいう。心的外傷およびストレス因関連障害群の特徴は，このように原因（ストレスという心因）で規定されることにある。

心的外傷およびストレス因関連障害群のうちの1つである心的外傷後ストレス障害（PTSD：Posttraumatic Stress Disorder）は1970年代のアメリカで，ベトナム戦争からの帰還兵の多くに特有の症状が生じたことから認識されるようになった。現在でもイラク戦争から帰還した兵士などが呈するPTSDについてアメリカを中心に社会問題になっている。

B. 分類

この障害群は，**心的外傷後ストレス障害（6歳以下の子どもを含む），急性ストレス障害，適応障害，反応性アタッチメント障害（反応性愛着障害），脱抑制型対人交流障害**の5つに分類される。次節より順に説明する。

A. 症状のカテゴリー

PTSDの症状は①再体験，②回避，③外傷体験に関連する認知や感情のネガティブな変化，④覚醒亢進の4つのカテゴリーに分類される

①再体験

外傷体験に関する記憶が侵入的によみがえるものである。ここでいう侵入的とは，自ら望まないのにそう考えてしまうというように，自分の意思に反して出来事を想起してしまう状態をいう。戦争体験をした帰還兵が日常生活

の中でヘリコプターを見て，もしくはプロペラの音だけで戦場にいた自分を思い出したくないのに思い出してしまうような状態である。

②回避

外傷体験に関する事柄，場面を避けようとすることをいう。外傷体験を思い出してしまうために，その事柄や場面に近づけない状態である。東日本大震災の津波被害を経験した人が海に近づけない，レイプ被害に遭った女性が男性と二人きり，もしくは複数の男性と同じ場面にいることを避けるような状態である。

③外傷体験に関連する認知や感情のネガティブな変化

外傷的出来事を思い出せない，あるいは恐怖や怒りの持続をいう。外傷記憶を喚起する，あるいはそれに関連するようなことを見聞きすることで恐怖や怒りが湧いてくる，また，その記憶を抑圧して思い出せないような状態である。

④覚醒亢進

外傷体験に関連する否定的な認知を自分で制御できない人は，いつも気持ちが張り詰めていてリラックスできない。このような自律神経系の過緊張を示す症状が覚醒亢進である。具体的には，心臓がドキドキする，冷や汗が出る，恐怖で震えるという交感神経系の緊張として反応が出ることが多い。

B. PTSDの原因

PTSDと診断するためには，上記の症状が1ヶ月以上存在することと，外傷体験への暴露が原因であることが必要とされる。さらに，臨床的に意味のある苦痛や，社会的場面や仕事の場で何らかの障害を引き起こしていることもあげられる。

外傷体験への暴露は，実際にまたは危うく死ぬ，重傷を負う，性的暴力を受けるなどの出来事を直接体験するか他人の体験を直に目撃する，家族や友人が暴力的・偶発的に実際に死ぬあるいは死にそうになる，近親者や友人に生じた心的外傷的出来事を伝聞する，遺体を収集する公務員のように不快な体験に繰り返し遭遇するような場合も含まれる。

PTSDのトラウマ体験には，実際に経験することだけでなく伝聞経験も入るが，あくまで偶発的・暴力的な伝聞であり，病死などは含まれない。

PTSDと診断するためには障害の持続期間が1ヶ月以上（DSM-5）であることが必要であり，1ヶ月以内の症状は急性ストレス障害（Acute

Stress Disorder：ASD）として区別される。例えば東日本大震災が起きてから1ヶ月以内であれば，PTSDの症状がある人も急性ストレス障害と診断されることになる。したがってASDは予後良好である。

C. 疫学

　PTSDは戦争や災害，性的暴力と関連性の高い疾患であり，その有病率は国や地域によって差異がある。PTSDの米国成人12ヶ月有病率は3.5％，生涯発症率は8.7％で，アメリカでは10人に1人近くがPTSDを経験しているといわれている。

D. PTSDの病因と病態

　PTSDの病因は，激しいストレス体験による副腎皮質ステロイドホルモンの過剰分泌と考えられている。ストレスを経験すると腎臓の上部にある副腎皮質からステロイドホルモンが放出され，それが継続することで精神状態に影響を与える。

E. 6歳以下の子どものPTSD

　DSM-5では6歳以下の子どものPTSDは別カテゴリーとなり，診断基準も成人とは異なるものとなった。

DSM-5での6歳以下の子どものPTSDの診断基準

　A．6歳以下の子どもにおける，実際にまたは危うく死ぬ，重症を負う，性的暴力を受ける出来事への，以下のいずれか1つ以上の形による暴露
（1）心的外傷的出来事の直接体験
（2）他人，特に養育者に起こった出来事を直に目撃する（電子媒体，テレビ，映像，または写真のみの目撃は含めない）
（3）親または養育者に起こった心的外傷的出来事を耳にする（注1）
　B．以下の1つ以上の侵入的症状
（1）心的外傷的出来事の反復的，不随意的，侵入的な苦痛の記憶（遊びとしても表れる）
（2）心的外傷的出来事と関連した反復的で苦痛な夢

（3）心的外傷的出来事が再び生じているように感じる，またはそのよ
　　うに行動する解離症状
（4）外傷的出来事を象徴するあるいは類似した内的または外的なきっ
　　かけに暴露された際の強烈なまたは遷延する心理的苦痛
（5）外傷的出来事を想起させるものへの顕著な生理学的反応
C．心的外傷的出来事の以前にはなかった外傷と関連した刺激の持続的
　　回避，または認知と気分の陰性の変化（注2）
D．心的外傷的出来事と関連した覚醒度と反応性の著しい変化
　　心的外傷的出来事の後に発現または悪化しており，以下のうち2つ
　　（またはそれ以上）によって示される。
（1）人や物に対する言語的または身体的な攻撃性，いらだたしさと激
　　しい怒り
（2）過度の警戒心
（3）過剰な驚愕反応
（4）集中困難
（5）睡眠障害

（出典：日本精神神経学会（日本語版用語監修），髙橋三郎・大野裕（監訳）：DSM-
5　精神疾患の診断・統計マニュアル. p270-272, 医学書院, 2014.）

注1：子どもの場合，親もしくは里親などの実質的養育者に起こった出来事は非常に
大きなストレスになり，それにより子どもの状態が以前とは変わってしまう。
注2：母親の搬送を経験した子どもが救急車が来ると逃げる，津波被害を受けた子ど
もが海に近寄らない，というような刺激の持続的回避，元気をなくしたり，遊びの
抑制などの認知の陰性変化，不登園，不登校のような社会的ひきこもり行動がある。

　Bの「侵入的」とは，自分の意思に反して思い出したくないことを思い出
してしまうような状態をいう。目の前で母親が倒れ救急搬送されたことのあ
る子どもは母親が倒れる場面を何度も思い出し，津波被害にあった子どもは
砂場で壁を作って津波が来てそれを壊すという遊びをし，またそれらの体験
を夢に見ることもある。
　Bの（3）について，意識が現実と離れ遊離してしまう状態を解離という。
母親は倒れていないのに倒れているのではないか，津波は起きていないのに
津波が起きているように感じるなどである。

Bの（5）について，外傷体験を思い出して感じる心理的苦痛も症状の1つである。母嬢が倒れたことや津波を思い出して非常に辛くなり泣いてしまう。顕著な生理学的反応の代表例には，心臓がドキドキする，顔が赤くなる，発汗などがある。母親の救急搬送を体験した子どもは救急車のサイレンの音を聞くと心臓がドキドキすると訴えるような状態である。

　子どもは感情をうまく表現することができないために，ストレスを感じると怒りや攻撃性で表現することがある。前述の母親が救急搬送された子どもは，母親がトイレに行くことも不安に思い，常に母と連絡が取れるように携帯電話を持ち，何度も充電状態を確認するなど強い警戒心を表し，母が疲れたというと死んでしまうのではないかと驚愕するといった状態が認められた。

　障害の持続が1ヶ月以上であり，臨床的に意味のある苦痛や家族関係や学校での機能障害を引き起こしていること，その障害は物質や他の医学的疾患の生理学的作用によるものではないことなどは，成人の診断基準と同様である。生理学的作用とは，甲状腺機能障害や喘息の薬の服用によって不安感などが生じることもあるが，そのような医学的状態が直接の原因ではなく，あくまで心理的ストレスが原因であることが重視される。

6.3節 ┃ 適応障害

　適応障害（adjustment disorder）は，原因となるストレスに対する情動または行動面の症状が出現する。ここでいう情動とは，うつ病や不安障害の基準に相当しないような抑うつ気分や不安などで，そのために社会的役割を果たすことができないものをいう。診断のためには明白なストレス因があることが必要で，そのストレス因が生じてから3ヶ月以内に症状が出現するが，ストレス因が解決すると，それから6ヶ月以上持続することはない。

6.4節 ┃ 反応性アタッチメント（愛着）障害

A. 愛着とアタッチメント

　反応性アタッチメント（愛着）障害（reactive attachment disorder）を理解するためには，まずアタッチメントについて理解する必要がある。アタッチメント（attachment）は，「何らかの危機に接した時，あるいは危機が予想されたときに生まれる恐れや不安などのネガティブな感情を

特定の他者にくっつくことを通して調整しようとする欲求（遠藤，2017）」と定義されている。まず前提として何らかの危機があり，子どもにとってそれがいやな状況の時，特定の他者（多くの場合母親）にくっつくことを通じてネガティブな感情をなんとか抑えようとする欲求がア

タッチメントである。しかしながら，「くっつく」，「ひっつく」という物理的距離の意味のアタッチメントを「**愛着**」という日本語に訳したために，「愛がひっつく」というイメージのもとで，愛情，特に母親が子どもを愛するという意味合いが日本では強調されがちである。アタッチメントと愛着は無関係とまではいえないが，基本的には別の概念である。

B. 反応性アタッチメント障害の特徴

　この障害の子どもは，辛い時でも大人に甘えたりせず，大人が慰めてもあまり反応しないといった，大人の養育者に対する抑制され情緒的にひきこもった状態がある。さらに対人交流と情緒的な反応が非常に乏しく，喜びなどのポジティブな感情が乏しい。大人が優しくしている状況でも，特に理由なくイライラしたり，悲しんだり，恐怖を味わうことがある。

　子どもの反応性アタッチメント障害は，不良な生育環境が原因である。子どもは，①持続的な社会的ネグレクト，②養育者の度重なる変更，③特定の大人との交流が乏しい普通でない養育，の少なくとも1つを経験しており，それが行動・情緒の問題の原因とみなされる。自閉スペクトラム症の診断基準を満たさないことが必要であり，5歳以前に明らかになる。

　持続的な社会的ネグレクトとは，育児を放棄されているあるいは家族がいない状態をいい，養育者の度重なる変更とは母親が頻繁に変わるような場合を指す。また，家庭で養育されていれば，父親，母親，祖父母といった特定の大人との交流が豊かにあることが通常である。しかし，養護施設で育ち，その養護施設のスタッフが頻繁に変わるような場合には，特定の大人との交流が乏しい状態にあることが考えられる。なお，子どもの反応性アタッチメント障害の有病率は，調査が困難なこともあり明らかにされていない。

脱抑制型対人交流障害（disinhibited social engagement disorder）の人は，知らない人にもためらわずに近づき交流する，つまりだれかれかまわずベタベタと接近し，友達のような言葉遣いで話したりする。過度に馴れ馴れしい言語的・身体的行動が認められることが多い。このような子どもたちは，くっついてくるとしても本質的にその養育者に対してアタッチメントがあるわけではないので，慣れない場所でも遠くに行った大人の養育者を振り返って確認することが少ない。大人の存在を本当に必要としているのか一見しただけではわからず，子どもにとっては特定の養育者ではなくてもいいので，ためらわずに知らない大人に近づき，ついていきたがる。このような行動は注意欠如・多動性障害（ADHD）と類似する。脱抑制型対人交流障害では社会的脱抑制を含む。社会的脱抑制とは，年齢相応に理解することが望まれる行動や守らなければいけないルールがわかっていないために，行動を抑制できないことをいう。またADHDでは注意の障害と多動が目立つが，脱抑制型対人交流障害では不注意や多動を示さないとされている。極端に不十分な養育経験が原因になるのは反応性アタッチメント障害と同様である。

6.6節 | 心的外傷およびストレス因関連障害群への対処

A. 経過と予後

PTSDの症状は長期化しやすく，性的被害がトラウマの場合には特に長期化する傾向がある。治療を求める事例の方が予後が良い。

ASDの多くは自然回復する。その定義上，1ヶ月以内に症状が軽快するが，それ以上長期化する場合はPTSDと診断される。適応障害も定義上，ストレスになる出来事が解消すれば6ヶ月以内に症状が改善する。

反応性アタッチメント障害，脱抑制型対人交流障害の予後は不明であるが，子どもにどのような環境が提供できるかによって症状の経過は大きく異なるだろう。

B. 治療

心的外傷およびストレス因関連障害群全体について，安全でストレスのな

い環境を提供することが最も重要で基本的な治療である。

i）PTSDの治療

①薬物療法

SSRIがフラッシュバックなどの症状の改善に効果がある。

②カウンセリング

急性期にはトラウマについて話題にすることは再体験につながるので避ける。特にトラウマの直後に再度トラウマ体験をさせるデブリーフィング（debriefing）という手法は現在では否定されている。PTSDを対象にした，さまざまな認知行動療法プログラムが開発されている。特に長時間暴露療法が推奨されている。あえて本人が避けている辛い状況に少しずつ暴露させる。

③心理的応急措置（psychological first aid）

トラウマ体験直後に行われる心理的応急措置をいい，災害等の発生直後に行われる重要な介入である。

ii）反応性アタッチメント障害と脱抑制型対人交流障害の治療

両者とも基本はアタッチメントの障害であり，安全な避難場所の確保が第一に重要である。これらの子どもは，安全な環境がそれまでなかったといえる。そのため，子どもが困った時にすぐに避難できるような安全な避難場所，子どもが安心でき落ち着けるという場所を確保することが重要となる。虐待（コラム参照）の恐れがあり，家庭が安全でなければ，子どもを養育者から引き離すことや，里親制度を活用することなども考慮する。さらに，養育環境とアタッチメントに問題があることから，困ったときに「ひっつける」特定の他者，すなわちアタッチメントの対象を準備する必要がある。日本には母性神話があり，アタッチメントの対象は母親でなければならないと考えられやすいが，必ずしも実母である必要はなく，父親や祖父母，もしくは保育士，教師，支援員などもアタッチメント対象となりうる。

C. 心理職の関与

PTSDや反応性アタッチメント障害における心理職の関与としては，認知行動療法を担当することが多いだろう。前述の心理的応急措置の中には心理教育やリラクゼーションなどの技法が含まれる。まず心理教育を行い，トラウマとは何かを説明しリラクゼーションの処方を実践したり，暴露療法を行うこともある。

学校でのカウンセリングの場面で，虐待が疑われる児童に出会うこともあ

Column 児童虐待

　児童虐待（child maltreatment）について WHO は「18 歳以下の子どもに対して起きる虐待（abuse）と育児放棄（neglect）」と定義している。

　わが国では「児童虐待の防止等に関する法律」（以下，児童虐待防止法）が平成12 年に制定された。それによると，児童虐待は①身体的虐待，②性的虐待，③ネグレクト（養育の拒否・怠慢），④心理的虐待に大別されている。これらは反応性アタッチメント障害などストレス因関連障害の原因となりうるものである。ネグレクトは養育の拒否・怠慢をいい，児童虐待の防止等に関する法律によると，児童の心身の正常な発達を妨げるような著しい減食または長時間の放置を保護者としての看護を怠ることとされている。ここで重要なのは，保護者以外の同居人，例えば母親の恋人による虐待行為を母親が放置するようなこともネグレクトに該当する。

　児童虐待については厚生労働省が年次報告を行っている。最近注目されていることに，3 歳未満の虐待死は身体的虐待よりネグレクトが多く，心中以外の虐待死の実母の年齢は 19 歳未満が多いことが挙げられる。周産期からの虐待防止のための施策がとられるようになってきた。

　虐待を受けている子どもは，さまざまな行動・精神面の問題が生じる。幼児では，過食や異食，無差別な対人接近（脱抑制型対人交流障害のように），怯え，乱暴，小学生では非行や動物への虐待，中学生以降では家出，怠学，性的逸脱行為などがみられる。

るだろう。虐待への対応はカウンセリングの場面だけで行うのはリスクが高く，福祉職，医師，教師，保育士，児童相談所のスタッフなどとの連携が重要である。

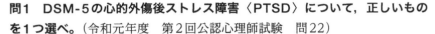

練習問題 ✏

問1　DSM-5の心的外傷後ストレス障害〈PTSD〉について，正しいもの を1つ選べ。（令和元年度　第2回公認心理師試験　問22）
① 児童虐待との関連は認められない。
② 症状が1か月以上続いている必要がある。
③ 診断の必須項目として抑うつ症状がある。
④ 眼球運動による脱感作と再処理法〈EMDR〉の治療効果はない。
⑤ 心的外傷の原因となる出来事は文化的背景によって異なることはない。

問2　反応性アタッチメント障害について，誤っているものを1つ選べ。
（平成30年度　第1回公認心理師試験　問110）
① 認知と言語の発達は正常である。
② 乳幼児期のマルトリートメントと関係が深い。
③ 自閉スペクトラム症／自閉症スペクトラム障害〈ASD〉と症状が一部類 似する。
④ 常に自分で自分を守る態勢をとらざるを得ないため，ささいなことで興 奮しやすい。
⑤ 養育者が微笑みかける，撫でるなど，それまで欠けていた情動体験を補 うような関わりが心理療法として有効である。

参考文献
遠藤利彦. 赤ちゃんの発達とアタッチメント：乳児保育で大切にしたいこと, ひとなる書房, 2017.
　　→アタッチメントについて簡潔でわかりやすく解説している

解離症と身体症状症

| **解離症**

A. 解離症群の概念

　「**解離**」とは意識がとぶ状態をいう。意識や記憶の連続性や同一性（例：昨日の自分と今日の自分）に異常があり，自己の一貫性の感覚が揺らぐ。ただし，てんかん発作や脳卒中などで生じる「意識障害」とは異なるので注意が必要である。脳波やMRI画像などは正常である。器質的な異常はない。

　解離症群（dissociative disorders）には，解離性同一症，解離性健忘，解離性とん走，離人感・現実感消失症の4つの障害がある。

i）**解離性同一症**（dissociative identity disorder）

　一人が複数の人格（アイデンティティー）があるように振る舞う状態である。以前は「多重人格障害」といわれていた。色々な小説や映画の題材にもなっている。人格がたくさんあると自己の「連続性」が保たれず，特定の時間のことを覚えていない（健忘）。その間に本来の「自分らしくない」ことをしている（例：A人格の時は奇妙な行動が多いが，B人格の時は非常に穏やかで，A人格の時はB人格の時を覚えていない）。

　「キツネつき」などの「憑依」状態でも生じる（キツネが憑き，キツネのように振る舞うがその時のことを覚えていない）。

ii）**解離性健忘**[1]（dissociative amnesia）

　自分の名前も思い出せないように，通常であれば忘れるはずのないことを忘れてしまう。次項の**表7.1**のような5つのタイプに分類される。

iii）**解離性とん走**

　解離性健忘のタイプの1つである。突然，家族に何も告げずに一人で旅行したり放浪したりする人の中には，解離性健忘に罹患している人がいる。昔は「神隠し」といわれた。突然家からいなくなり，どこか遠い所で見つかる。なぜいなくなったのか，何をしていたのかを覚えていない。解離性健忘と解

1　「健忘」は認知症や高次脳障害などの脳の器質的障害（脳細胞が実際に破壊されるような障害）でも出現し，同じ「健忘」という用語が使われるために混乱しやすい。この章で扱う「健忘」は脳の器質的障害がないのにもかかわらず生じる「心理的要因」で生じる「健忘」である。

表7.1　解離性健忘の5タイプ

限局性健忘	ある時間枠に生じた出来事を忘れる
選択的健忘	ある時間枠の中で起きたことの一部を忘れる （例：親子仲の悪い人が母親の言ったことだけを忘れ，父親の言ったことは覚えている）
全般性健忘	全生涯の記憶を失う （例：過去のことすべてを忘れている。ぼんやりと道を歩いているところを警察に保護されるが，名前，住所，年齢がわからず病院へ送られる→入院・治療をする中で，健忘の原因を探っていく）
系統性健忘	ある事柄に関したことを忘れる （例：自分の仕事や家族のことだけを忘れる）
持続性健忘	新しく起きる出来事を忘れる

離性とん走が同時に生じることもある。患者は多数回のエピソードを経験していることが多い。

iv）離人感・現実感消失症（depersonalization/derealization disorder）

　現実感が消失していて，その場にいても外部の傍観者のように感じる状態である。患者の訴え方は多様であり，「夢のように感じる」「ロボットのように感じる」「すりガラスの向こうに人がいる」「映画の一部のように感じる」などと表現される。自分の手を指し示し，「自分の手とわかるのだが何かちょっと違う。リアルでない。先生と話していても霧の向こうにいるみたいだ。声も聞こえるし言っていることも理解できるが，実感がない」などと訴えたりする。

疫学：解離症群の12ヶ月有病率は，それぞれのタイプで1〜2％である。男女差は大きくはなく，離人感・現実感消失症は思春期に発症することが多い。

　　病因については，児童期の性的虐待や身体的虐待，ネグレクトの関係が議論されている。

B. 解離症群の症状と診断

　診断は，症状の確認と除外診断によって行う。薬物の影響，てんかん，脳腫瘍などの器質的障害を除外することが必要である。これらの器質的障害は，

治療法が異なるため除外診断は大事である。小児期のトラウマ的体験は明らかなリスク要因である。PTSD，抑うつ症候群，回避性パーソナリティ障害，境界性パーソナリティ障害などを併存しやすい。ピュアな障害は多くなく合併障害にも注意することが必要である。

C. 解離症群の経過と予後

解離症群の患者の多くが自殺を試みたことがある。虐待が関与すると自殺の率が高まる。症状は長期化することがある。例えば，子どもの時に虐待され，思春期に解離症になりその後自然に治ったが，自分の子どもが，自分が虐待された年齢に達した時に再発する，ということもある。

D. 解離症群の治療

治療としては，安全な環境を確保することが重要である。症状により，認知行動療法，リラクゼーションなどが行われる。

治療の過程でイソミタールインタビューを行うことがある。これは，イソミタールという睡眠薬をゆっくりと静脈注射しながら抑圧（心のバリア）をとり，インタビューする方法である。この方法を推奨しない医師と積極的に推奨する医師があり，議論が分かれている。

E. 解離症群への心理職の関与

解離症群には特異的な治療薬が存在しない。精神分析的精神療法，認知療法，行動療法などが行われる。

解離性健忘が「軽快」し記憶が再現されると，さらに強いストレス状況になる（過去の虐待，いじめ，性的被害を抑え込んでいるので，嫌な体験に直面することになる）ので注意が必要である。希死念慮（死にたくなる）・衝動性（手首を切る，帰宅中の自殺企図など）にも注意する。

F. 解離症群の特徴と関連した障害

イマジナリーコンパニオンという概念がある。想像上の仲間，イマジナリーフレンドともいう。これは実在の人物がいるという「幻覚」である。イマジナリーコンパニオンを信じている人は，3人でレストランに来たのに4人分の席をとり，4人分の注文をするといった行動を大真面目にとる。本人には見えており，実感している。クリニックを受診する時も「今日は仲間と

来ました」と言い，挨拶を促したりする。患者にとってはその時には必要な
仲間のことが多い。

A．身体症状症群の概念

　身体症状症群の患者は，医学的な原因が明確でない身体症状に対する苦痛
や不安を強く訴える。

　精神科の前に，身体科（内科・婦人科など）を受診する人が多い。身体症
状症群は，身体症状症，病気不安症，変換症／転換性障害，作為症／虚偽性
障害の4つに分類される（**図7.1**）。

i）身体症状症（somatic symptom disorder）

　身体症状症とは，身体症状があり，それに強くとらわれ，強く訴える疾患
である。医学的には「**不定愁訴**」といわれる。例えば，「お腹が痛い」「体調
が悪い」と内科へ行き，さまざまな医学的検査をしても，症状に見合った検
査所見がない。身体所見と不釣り合いで持続的な心配があり（例：腹痛の患
者にレントゲンや内視鏡を行うが，訴えるほどの所見はない），身体症状／
健康不安にかけるエネルギーが過剰であり（例：日本中の名医にかかる。多
くの漢方薬やサプリを飲んでいる），6ヶ月以上継続している状態である。

　重度の身体症状症は「ブリケ症候群」と呼ばれていた。疼痛を訴え続ける

自分は病気だと信じている
（身体的異常の有無は問わない）

身体症状症
病気不安症
変換症／転換性障害

自分は病気だと思っていない
（身体的異常の有無は問わない）

作為症／虚偽性障害

図7.1　身体症状症の4分類

（疼痛症候群）というタイプの人もいる。

ii）病気不安症（illness anxiety disorder）

病気不安症の特徴として，以下が挙げられる。

自分が重い病気であるととらわれている。病気になることについて強い不安があり，繰り返し専門医を受診し検査を求める。身体症状は存在しないか，あっても軽い症状である。その症状に見合わないほどの「重篤な病気」にかかっているという強い不安がある（例：自分は「がん」や「ALS」，「コロナ」にかかっていると思っている）。昔はエイズ恐怖のケースがよくみられたが，現在は，エイズは治る病気になっているのでそのような恐怖は少なくなっているようだ。「医療を求める病型」（例：あちこちの病院へ行く）と「医療を避ける病型」（例：まじない・民間療法に行く，または一切行かない）の2タイプがある。

iii）変換症／転換性障害（conversion disorder）

変換症／転換性障害の特徴として，以下が挙げられる。

医学的に説明のつかない症状がある。体が動かなくなったり，自分の意図に添わない体の動きがある（これを不随意運動という）。歩けない（失歩），声が出ない（失声），意識をなくす，けいれん，感覚を感じない（感覚脱失），嚥下困難，視力消失，聴力消失が代表的な症状である。医学的所見に合わない運動や感覚症状がある。けいれん発作の特徴は激しすぎたり，長すぎるのが特徴である。後弓反張（全身が弓なりにそっくりかえって硬直した状態）（図7.2）「満ち足りた無関心」（症状があることに本人が満足している），「疾病利得」（病気になることで何らかの利得を得ている）という心理学的なメカニズムがあるが，不明確な例も多い。

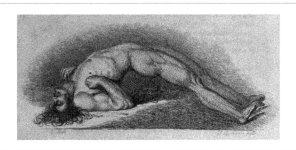

図7.2　「後弓反張」のスケッチ（出典：Bell C: Essays on the Anatomy and Physiology of Expression. 2nd ed. John Murray. 1824.）

以前は「ヒステリー」と呼ばれた。一般的に，ヒステリーは女性が感情的になっているイメージがあるが，これは正しくない。医学的な意味のヒステリーは変換症／転換性障害のことをいう。

iv）作為症／虚偽性障害（factitious disorder）

　この障害の人は，病気や怪我を捏造して周囲を騙し，自分が病気や障害であることを周囲にアピールする。自らに負わせる作為症を「ミュンヒハウゼン症候群」といい，他者に負わせる作為症を「代理ミュンヒハウゼン症候群」（後述）という。18世紀ドイツの作家ビュルガーによるミュンヒハウゼン男爵を主人公とする冒険譚から名付けられたといわれる。患者は捏造であることを認識している。ただし，金銭のような外的報酬を求めていない。

代理ミュンヒハウゼン症候群（Munchausen Syndrome by proxy：MSBP）：子どもに病気を作り，献身的な母親を演じることで注目を浴びる，子どもの虐待における特殊型である。加害者は母親が多い。医師がその子どもにさまざまな検査や治療が必要であると誤診するような，巧妙な虚偽や症状を捏造する。（例：症状などを細かく説明するが，テキストにのっていないような不思議なことを言う。子どもに「お腹が痛い」などの症状を言わせる。点滴に汚染物（水道水）を入れる。寝ている子どもの首を軽く締めて酸素濃度を下げ，文句を言うなど）。次のような例がある。

> **🐨 Column　代理ミュンヒハウゼン症候群─傷害致死で懲役10年**
>
> 　幼いわが子の点滴剤に汚水やスポーツドリンクを混ぜて死なせたとされた岐阜県関市の女性被告（37歳）に，京都地裁（増田耕兒裁判長）は20日，懲役10年の実刑を下した。2004年から2008年にかけて同被告の二女，三女，四女は岐阜大学付属病院で次々と敗血症*などで死亡。五女に手をかけた京大付属病院で事件は発覚した。
>
> 　京都府警の捜査では殺意までは認められず，二女と四女は傷害致死罪，三女は死亡との因果関係が立証できず傷害罪で起訴された。
>
> 　退院できそうになると異物混入して悪化させた行為を検察は「犯行は身勝手で悪質」と懲役15年を求め，弁護側は「真っ先に疑われるから再犯は不可能。刑務所では改善されない」などと刑の猶予を求めていた。
>
> ＊敗血症：血液の中に細菌が入り，その細菌が増殖して高熱を出し重症になる病気。
> （週刊金曜日オンライン（2010年6月1日6：54PM）より許可を得て転載）

代理ミュンヒハウゼン症候群は現在は小児科の医師などに知られているため，疑わしいケースは録画などを行うことがある。子どもを死亡させたら意味がなく，献身的な母親を演じ，周囲から注目を浴びたり同情されたり褒められたりすることを望んでいる。コラムのような重いケースは，裁判や記事になるが，もう少し微妙なケースに臨床では出会うことがある。

B. 身体症状症群の関連障害

関連する障害として，空想虚言癖（どんどん嘘ばかり言う），ポリサージェリー（頻回手術症）がある。ポリサージェリーの人たちは，さまざまな症状を訴え何度も手術を受けている。外科医からみると何度も手術を受けているのはメンタルな問題を背景に疑い，精神科を受診することになる。手術を受けることでケアされたり同情されたり見舞いをもらったりすることが楽しい，あるいは手術する痛みが快感となることもあるようだ。

関連した状態として詐病がある。金銭を得たり，義務を逃れるために病気であると主張する。（嘘がばれてしまうため）検査や治療に非協力的である。

C. 身体症状症群の疫学

表7.2　身体症状症および関連症群の有病率・男女比

	身体症状症	病気不安症	変換症／転換性障害	作為症／虚偽性障害
有病率	5〜10％程度？	1〜5％	不明	不明
男女比	女性＞男性	女性＝男性	女性＞男性	女性＞男性

内科・婦人科・外科などを経て，精神科を受診する。

D. 身体症状症群の病因と病態

病因としては，身体的な変化への過集中がある。小児期の逆境体験も関係しているといわれている（表7.3）。

E. 身体症状症群の経過と予後

身体症状症の予後はよくわかっていない。病気不安症の発症は成人早期で，変換症は発症年齢が若いほど予後が良いといわれている。

表7.3　身体症状症および関連症群の鑑別[2]

	身体症状症	作為症／虚偽性障害	変換症	詐病
症状の産出	無意識	意図的	無意識	意図的
動機	?	周囲の注目	無意識	金銭・義務の放棄
病気ではない という意識	ない	あり	ない	あり

F. 身体症状症群の治療

　治療方法は確立されていない。身体症状症，病気不安症では，うつ病や不安障害に準じてSSRIやSNRIが使われる。症状がないのに強く訴えるため，身体科（内科，婦人科，外科，小児科，耳鼻科など）の医師から忌避されやすく，さらに症状を訴えるという悪循環になりやすい。患者の訴えに共感し治療者と患者関係を確立することが大事である。身体科と連携し，本人に安心感を与えることが重要である。作為症は法的介入が必要になることもある。

G. 身体症状症群への心理職の関与

　フロイト（S. Freud）はヒステリー研究によって精神分析を発明したといわれる。つまり，ヒステリー（「変換症／転換性障害」）は精神分析の対象であった。一部の身体症状症群では訴えが執拗なことや薬物療法の効果が乏しいため，心理職に依頼されることがある。患者は体の病気と信じているので，その場合，患者によっては「カウンセリング」に紹介されたこと自体に怒りや落胆を感じていることがある。内科や精神科の医師との十分な情報交換と連携が必要である。

2　「鑑別」とは区別することを意味する。

問1 ICD-10の解離性（転換性）障害について，誤っているものを1つ選べ。（平成30年度　第1回公認心理師試験　問35）

① 自殺の危険性がある。

② 身体症状を伴う場合がある。

③ 幼少時の被虐待体験が関連している。

④ 自らの健忘には気づいていないことが多い。

⑤ 可能な限り早期に外傷的な記憶に踏み込んで治療すべきである。

問2　解離性障害について，正しいものを1つ選べ。

（令和元年度　第2回公認心理師試験　問92）

① 自殺企図との関連は乏しい。

② 心的外傷との関連は乏しい。

③ 半数以上に交代性人格を伴う。

④ てんかんとの鑑別が必要である。

⑤ 治療の方針は失われた記憶を早期に回復させることである。

参考文献
尾久守侑. 器質か心因か. 中外医学社. 2021.
　　　→心と体の関係について，ケースをあげて解説している
上田剛士. 非器質性・心因性疾患を身体診察で診断するためのエビデンス. シーニュ. 2015
　　　→タイトルの通り，精神科医や内科医が心因性と器質性疾患をどのように判断しているか，
　　　　そのためには解剖学などの医学的知識が必要になることを解説している

第 8 章　食行動障害および摂食障害群

8.1節 食行動障害および摂食障害群の概要

A. 概念と分類

　食行動障害および摂食障害群（feeding and eating disorders）は食行動の異常を主徴とする多様な障害である。小児期に発症するのが異食症，反芻症，回避・制限性食物摂取症であり，通常思春期以降に発症するのが神経性やせ症，神経性過食症，過食性障害である。

　いずれも食行動の異常が主な症状であるが，それ以外の要素はかなり異なる。小児期に発症する3障害は知的能力障害や自閉スペクトラム症との関係が深い。思春期以降に発症する神経性やせ症などは知的能力障害との関連は深くはない。

表8.1　主な食行動障害および摂食障害

通常小児期に発症	通常思春期以降に発症
・異食症（pica） ・反芻症（rumination disorder） ・回避・制限性食物摂取症（avoidant/re-strictive food intake disorder）	・神経性やせ症（anorexia nervosa） ・神経性過食症（bulimia nervosa） ・過食性障害（binge-eating disorder）

B. 歴史

　拒食症（神経性食思不振症／神経性食欲不振症）は古くから知られている。モートン（R. Morton）が1694年に発見し，その後ガル（W. Gull）が1873年に出した論文でanorexia nervosaという用語を使用している（Pearce, 2004）。

　精神科・臨床心理領域における代表的な摂食障害が拒食症であり，最近まで摂食障害といえば，ほとんどの場合神経性やせ症か神経性過食症のことを指していた。2013年に発表されたDSM-5の「食行動障害および摂食障害群」では，小児期に発症する3障害である異食症，反芻症，回避・制限性食物摂取症が加わった。

A. 異食症

異食症（pica）は食べ物ではない物を食べる障害であり，多くの場合，知的能力障害や自閉スペクトラム症を併発している。異食の対象はさまざまであるが，頭髪，爪などの身体の部分，植物，石，オモチャ，磁石，氷などの固形物，トイレの水，漂白剤・液体石鹸などの液体がある。

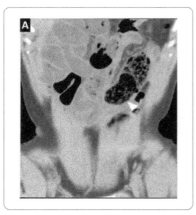

図8.1　異食症患者のレントゲン。スポンジ（白矢印）が写っている（出典：Yoshida et al., 2019）

通常であれば便を口に近づけるだけでも吐き気がするほど不快に感じるが，異食する場合は不快に感じていない可能性がある。このような場合は味覚の認知等に障害があることが想定される。氷を食べる場合は氷食症と名前がついており，貧血と関係がある場合がある。

B. 反芻症

反芻症（rumination disorder）は少なくとも1ヶ月間にわたり食物の吐き戻しを繰り返す障害で，知的能力障害や自閉症と関係する。

C. 回避・制限性食物摂取症

回避・制限性食物摂取症（avoidant/restrictive food intake disorder）は，食べることへの無関心や味覚過敏，食事に関する嫌な経験などのために十分な栄養がとれない状態である。その結果，通常発達期は体重が増えるにもかかわらず，体重の減少や停滞がみられる。給食の場面などを拒否することもある。嘔吐の繰り返しや，食べ物などで窒息しかけた経験がきっかけになることもある。拒食症と異なる点は，本人は痩せたいとも思っていず，体型も気にしていない。発症は幼児期が多く，ASDやADHD，不安症等と合併する。本人は食べることに無関心だったり，嫌がったりする状態であり，幼稚園や学校での偏食指導から起こることもある。

A. 神経性やせ症

DSM-5における神経性やせ症の診断基準の要点

- ・有意に低い体重
- ・体重増加・肥満に対する強い恐怖
- ・痩せているのに太っていると思い込む（ボディイメージの障害）
- ・排出行動：自己誘発性嘔吐や下剤の濫用
- ・過活動
- ・体重や体型を示す数値が本人の自己評価に深刻な影響
- ・低体重の深刻さに対する認識の持続的欠如

（出典：日本精神神経学会（日本語版用語監修），髙橋三郎・大野裕（監訳）：DSM-5 精神疾患の診断・統計マニュアル．p332，医学書院，2014.）

　神経性やせ症（anorexia nervosa）は摂食障害の代表的疾患である。神経性やせ症の特徴として，継続するカロリー摂取制限，体重増加や肥満に対する強い恐怖，痩せていても本人は太っていると思い込む身体像の障害の3点が挙げられる。自己誘発性嘔吐や下剤の乱用等の排出行動や過活動もみられる。体重や体型，BMIなどが本人の自己評価に深刻な影響を与え，体重が少しでも増えるとこの世の終わりのように思ってしまう。痩せすぎると段々と身体が弱り，極端に痩せると歩けなくなったり，不整脈が起こったりするが，そのような状態になっても本人はあまり深刻に捉えないことが多い。

　神経性やせ症には身体症状が多く，メンタル面だけでなく身体面の管理も重要である。無月経，産毛の増加，低カリウム血症などの電解質異常，心電図異常，脳萎縮，低体温，高コレステロール結晶，吐きだこ，骨粗しょう症，腎臓機能の低下などの身体的異常がみられる。神経性やせ症は思春期の女子に多いが，最近は男子や中年期の主婦などにも多くみられるようになってきた。BMI[1]は15以下だと命に関わることもあるので，適切に医療につなげることが必要である。

1　BMI（Body Mass Index）は【体重（kg）／身長^2（m）】で算出され，18.5未満はやせと分類される（日本肥満学会の規準）。

DSM-5ではBMI≧17を軽度のやせ，16〜16.99を中等度のやせ，15〜15.99を重度のやせ，15未満を最重度のやせと定義している。なお，成人の場合，BMI 18.5が正常体重の下限である。

B. 神経性過食症

　神経性過食症（bulimia nervosa）の特徴は，反復する**過食エピソード**（次段落で説明）を繰り返すこと，不適切な代償行動が存在することである。これは過食した後に後悔し，自分で口に指を入れて嘔吐したり（自己誘発性嘔吐），下剤や利尿剤を濫用したりすることである。このような過食と不適切な代償行動が，平均して週に1回，3ヶ月にわたって生じること，自己評価が体型と体重に過度に影響を受けること，過食エピソードが神経性やせ症のエピソードの期間にのみ起きるのではないことで診断される。

　過食エピソードとは，一定の時間内（通常2時間）に，同様の状況で一般の人が食べる量より明らかに大量の食物を食べること，それが本人にとって制御不能な感覚を伴っていることで定義される。この制御不能感（loss of control）が神経性過食症のキーポイントであり，肥満に対する恐怖，体重への異常な関心がある。

　体重増加を防ぐための不適切な代償行動は「排出行動」あるいは「パージング」と呼ばれる。嘔吐が最も多い代償行動であるが，下剤や利尿剤の濫用，過度の運動やサウナの利用などもある。

　神経性過食症の人の体重は，正常体重から過体重の範囲にある。神経性やせ症との違いは体重が正常かどうかによる。したがって，神経性やせ症と神経性過食症を同時に一人の人に診断することはない。

　神経性過食症は，肥満の人にはあまりみられない。過食と過食の間にはカロリーを制限するからである。一方，女性には無月経や月経不順はしばしばみられる。

C. 過食性障害

　過食性障害（binge-eating disorder）にも反復する過食エピソードがみられ，過食に関する苦痛が存在する。空腹でないのに満腹以上になるまで早く食べて苦しいほど食べ，あとになって自己嫌悪がみられるなどの特徴がある。自分の食事の問題を恥ずかしく感じている。神経性過食症との違いはパージングなどの不適切な代償行動が過食性障害ではみられないことである。

したがって体重は過体重のこともある。

摂食障害全般にいえることとして，身体管理の重要性が高く，心理面だけでなく医療によるケアを重視する必要がある。異食症，反芻症，回避・制限性食物摂取症といった小児期に発症する障害では，子どもの発達全般をアセスメントし，子どもにとって負担の少ない環境設定を行う必要がある。回避・制限性食物摂取症は新しい概念であり確立された治療方法はないが，保護者や子どもの心理教育を含んだ認知行動療法が試されている。

A. 神経性やせ症の治療

重症度によって異なる。BMIが16以下のような重度の場合は，低体重のために認知が変化していることと生命の危険があるため，入院での治療が必要になる。

軽度の場合であれば心理教育，体重および精神的身体的健康危険因子のモニタリングを行いつつ，治療者と体重を維持，増加させる方法を具体的に相談していく。

身体的な評価と治療が重要であり，栄養状態，身体状態のアセスメントを行う。低栄養があれば，その改善のために栄養指導，身体状態治療を行う。重症化した低栄養の場合は，経静脈性高カロリー輸液や鼻から管を胃に入れて栄養注入を行う（経管栄養）が必要になることがある。薬物療法についてはSSRI（選択的セロトニン再取り込み阻害剤）が使用されることが多い。

B. 神経性過食症・過食性障害の治療

体重減少そのものは治療目標でないことを説明し，過食や嘔吐以外の生活全般に目を向ける。具体的には睡眠，食事，学校の活動などの記録を依頼し，生活の規則化を促しつつ，心理教育を行う。

C. 予後

神経性やせ症は不安症や抑うつ症，パーソナリティ障害などの合併も多く，その場合は自殺率も高くなる。自殺だけでなく全体的な死亡率も高く，摂食障害の患者を10年間フォローすると，全体の5％が死亡し，その原因は低

栄養に伴う身体疾患か自殺である。嘔吐により歯や歯肉の障害，消化機能の低下，逆流性食道炎，便秘などの内科疾患も生じやすい。児童期に発症した場合は，成長しても低身長や骨密度の低下などの後遺症が生じることがある。

神経性過食症の人の一部は，代償行動がなくなり過食性障害に移行する。

8.5節 ‖ 摂食障害の疫学

摂食障害の一般人口における有病率を把握するのは難しい。有病率は高い方から【過食性障害＞神経性過食症＞神経性やせ症】である。神経性やせ症，神経性過食症ともに女性のほうが男性より多く，男女比は1：10である。過食性障害の男女比は1：2程度と，男性も比較的多い。

病因と病態

神経性やせ症の背景として，遺伝的素因，認知の偏り，社会文化要因などが議論されている。家族内発症が多いことから多因子性遺伝も想定されている。家族関係が発症因子であるというエビデンスはない。一方，心理教育を中心にした家族へのサポートの有効性が認められている。

8.6節 ‖ 摂食障害への心理職の関与

神経性やせ症は，従来は成熟拒否や家族葛藤（特に母子）が想定され，精神分析的精神療法がされてきたが，現在はSSRI等の医学的な治療や，認知行動療法が行われている。痩せによる身体症状は重症になりうるし，死亡する場合もある。特に痩せが進む場合は医師との連携が重要であり，医療への紹介を躊躇すべきでない。

8.7節 ‖ 排泄症群

排泄症群（elimination disorders）はDSM-5では「食行動障害および摂食障害群」とは分類が異なるが，関連する障害であるため，ここで解説する。排泄症群は，排便と排尿に関する障害で，通常は小児期あるいは青年期に初めて診断される。遺尿症（enuresis），遺糞症（encopresis）が含まれる。遺尿症は尿を漏らす（おねしょ），遺糞症は便を漏らす障害である。

5歳になっても尿を漏らしてしまう場合は遺尿症といえる。遺糞症は遺尿症に比べると珍しく，発達障害や知的能力障害を合併していたり，虐待等のメンタルな問題が関係していることがある。

　夜間のみに生じる場合を単一症候性遺尿症，昼間のみに生じる場合を昼間遺尿症という。遺尿症は5歳児の5〜10%程度，遺糞症（4歳以降に便を漏らす状態）は5歳児の1%程度にみられる。

A. 夜尿症

　5歳以降で週に2回以上の頻度で少なくとも連続して3ヶ月以上夜間の遺尿が続く場合は，夜尿症と診断される。夜尿症は患者数が多く，病院にかかることも多い。薬物療法が可能であり，尿検査で尿比重を測定する。時には腎臓疾患や内分泌疾患などホルモン異常が関与していることもあるので，泌尿器科や専門の小児科医のアセスメントが必要である。便秘を合併することも多い。

B. 夜尿症の治療

　夜尿症の治療の場合，まずは夕食を就眠2時間以前にすませる，夕食以降は水分をできるだけ控える，便秘がある場合は便秘の治療をする，などの生活指導が重要である。

　治療は小学入学後に開始し，夜尿が子どもの責任ではないことを本人・家族に説明したうえで排尿記録を家族に依頼する。夜尿を避けるために睡眠中に中途覚醒させることはしない。このような指導でも効果がない場合は，薬物療法を考慮する。抗利尿ホルモンを就寝前に服薬したり，抗コリン薬によって膀胱の収縮を抑制したりする。就眠中の排尿を気づかせ覚醒してトイレに行くか，我慢できるようにすることを目標にしたアラーム療法（夜尿をするとアラームが鳴る仕組みにすることで，夜尿した直後に覚醒させる）を行うこともある。

C. 心理職の関与

　夜尿症は心理的な問題とみなされがちだが，遺伝的な要素も関係しており，また発達障害や知的能力障害が合併する場合もあるために，発達や知的面での評価が必要なこともある。児童相談所や教育相談所では医学的な評価をせずに漫然とプレイセラピーが行われていることもあるが，まず生活指導を行

うことが重要である。薬物療法が効果的である場合もあるので，小児科医や泌尿器科などの専門医との連携が望ましい。

練習問題 🖊

問1　神経性無食欲症について，正しいものを1つ選べ。

（平成30年度　第1回公認心理師試験　問101）

① 経過中の死亡はまれである。

② 通常，心理療法によって十分な治療効果が得られる。

③ 入院治療では，心理療法は可能な限り早期に開始する。

④ 経管栄養で体重を増やせば，その後も維持されることが多い。

⑤ 患者自身は体重低下に困っていないため，治療関係を築くことが難しい。

問2　神経性やせ症／神経性無食欲症の病態や治療について，正しいものを1つ選べ。（令和2年度　第3回公認心理師試験　問104）

① うつ病が合併することは少ない。

② 未治療時は，しばしば頻脈を呈する。

③ 無月経にならないことが特徴である。

④ 心理社会的要因に加え，遺伝的要因も発症に関与する。

⑤ 未治療時に，しばしばリフィーディング症候群を発症する。

引用文献

Pearce, J. M. S. "Richard Morton: Origins of Anorexia Nervosa." European Neurology 52(4), 2004. 191–92.

Yoshida, R., Tanaka, S., Yoshizako, T., Ando, S., Mukumoto, H., Takinami, Y., & Kitagaki, H. Small-bowel obstruction owing to kitchen sponge eating as a pica behavior: A case report. *Radiology Case Reports*, 14(9), 2019. 1100-1102.

参考文献

高宮静雄. 摂食障害の子どもたち：家庭や学校で早期発見・対応するための工夫. 合同出版. 2019

第9章 睡眠−覚醒障害群

睡眠に関する問題だけでカウンセリングを希望する人は多くはないが，睡眠に関する問題は多くの精神疾患・発達障害で生じやすい。不登校やゲーム依存，引きこもりなどでは睡眠リズムの障害を併発することが非常に多い。眠れない，朝起きられない，昼夜逆転などの睡眠の問題が多いが，それらは単なるストレスでも「やる気の問題」でもしつけの問題でもなく，生理的な問題が背景にあるかもしれない。睡眠障害を理解するためには，まず正常の睡眠（睡眠の生理学）を理解する必要がある。

9.1節 正常の睡眠の特徴

動物には夜行性と昼行性のものがあるが，ヒトは昼行性の動物である。通常，睡眠リズムは毎朝，光を浴びることでリセットされる。睡眠時に分泌される物質として**成長ホルモン**，**メラトニン**，**セロトニン**があり，成長ホルモンは寝入りばなの深睡眠時，睡眠をコントロールする物質であるメラトニンは深夜，セロトニンは起床後に分泌が活発になる。

睡眠には段階があり，**レム（REM）睡眠**と**ノンレム（non-REM）睡眠**を繰り返す。REMとはRapid Eye Movement（急速眼球運動）の略称である。レム睡眠の時は，大脳皮質は賦活されているが，筋活動は低下している。レム睡眠は夢と関連しているといわれており，レム睡眠時に起こすと夢を見ていたと答える人が多い。レム睡眠の機能も完全に明らかになっているわけではないが，レム睡眠中は脳機能のメンテナンスのために脳が活動する必要があり，そのときに生じるノイズが夢ではないかという説もある（櫻井，2017）。

図9.1は標準的な睡眠のサイクルである。仮に0時に寝るとすると，0時はまだ覚醒であるが，急速にレム睡眠に移行する。時間が進むにつれ，ノンレム睡眠の第一段階，第二段階，第三段階，第四段階となるが，その後は第三段階から第四段階を繰り返しつつ，一度，またレムに戻る。これらを繰り返し，朝の7時から8時ごろ起きている。図の場合，レムは4回あるが回数は決まっているわけではない。

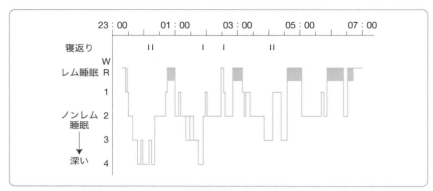

図9.1　健康成人男性の睡眠経過図（出典：内山真，眠りのメカニズムを知ろう！　図2, Nursing today, 10, 20-21, 2003）

　レム睡眠時は，その名の通り急速に眼球が動いている。これは目の周りに筋肉の電気活動を測定する筋電図によって調べることができる。まぶたの下で目が動いているが，体は弛緩していて休んでいる状態である。ノンレム睡眠時は脳が休息している。脳波の状態によって，ノンレム睡眠の第一段階から第四段階まで4つのレベルがみられる。深睡眠，すなわちレムの第三段階，第四段階に脳波をとると，徐波が出ている。徐波とは覚醒時に出るアルファ波と比較して遅い波のことである。深睡眠では1秒間に1〜3回の周期のゆったりとした波であるデルタ（δ）波がみられる。

　このようにヒトは眠りに入ると急速にノンレム睡眠になる。60〜90分ほど経つと，レム睡眠に移行する。レム睡眠時，大脳皮質は覚醒時よりもむしろ強く活動している。レム睡眠の時には脳の強い活動の反映として夢を見る。睡眠中，脳はまったく異なる2つの状態（ノンレム睡眠とレム睡眠）を規則正しく繰り返している（櫻井，2017）。

A. サーカディアン・リズム

　サーカディアン・リズムは概日（がいじつ）リズムとも呼ばれ，おおよそ1日の生物的リズムのことである。ここでいうリズムは音楽のリズムなどと同じであり，周期的な反復のことである。ヒトの体内には時計があり，体内時計と呼ばれる。最も重要な中枢性の体内時計は**視交叉上核**（supurachiasmatic nucleus：SCN）である。そのほかにも心拍，インスリン，レプチン（食欲抑制因子）などが体内時計の役割を果たしている。

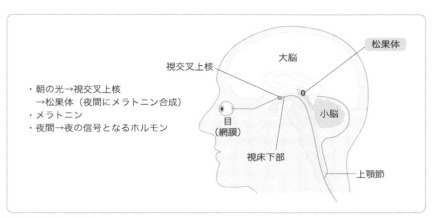

・朝の光→視交叉上核
　→松果体（夜間にメラトニン合成）
・メラトニン
・夜間→夜の信号となるホルモン

図9.2　体内時計

　外界の時間と体内時計を一致させることを同調（entrainment）という。人間の体内時計のリズムは24時間10分から11分といわれ，いずれズレが生じるため，外界の時間である24時間に同調していく。

　視交叉上核は視床下部のすぐ近くにある。松果体はそれよりも後ろにあり，夜間にメラトニンを合成する。朝，光を浴びるとその刺激が視交叉上核へ信号が行き，それが松果体に伝わる。メラトニンは夜間に分泌される。生体に夜であることを伝える信号となるホルモンであり，睡眠薬としての効果がある。

B. 睡眠の役割

　睡眠はさまざまな機能をもっているが，脳の疲労回復がその1つである。昨晩よく眠れなかった日には，集中できずにうまく頭が働かないといった経験は多くの人があるだろう。レム睡眠は体を休める機能があり，筋肉は弛緩しているが大脳は活発に活動しており，記憶を固定しているとされる。体を休めるのがレム睡眠であるのに対し，大脳を休めるのがノンレム睡眠である。

C. 睡眠と発達

　睡眠は小児脳の成熟に重要な役割を果たす。睡眠の問題は，小児の注意や記憶，気分や行動面に影響を与える。小児の睡眠障害は日中の行動に影響を与える。日中の眠気よりもむしろ，不安，注意力低下，攻撃性の増強などの，一見ADHDに似た症状を示す。

D. 脳波と脳波検査

脳の神経細胞の活動によって生じる電位変化をアンプによって増幅し記録したものを脳波といい，**図9.3**のような種類がある。脳内の基質的・機能的な異常がある場合には，脳波に異常が出現する。例えば，意識消失がある場合，てんかんであれば，脳波に異常が出現することが多い[1]が，ヒステリーや心因性非てんかん発作（p.174参照）の場合，脳波は正常である。

脳波検査により，意識状態や睡眠段階などがわかる。ビデオ撮影をしながら脳波をとることもできる。てんかんでは安静時に特有の波形が観察されるため，てんかんの診断に使われる。また，意識障害の鑑別にも多用される。

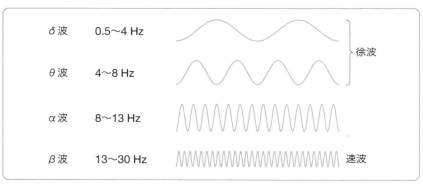

図9.3　脳波
δ（デルタ）波は0.5〜4ヘルツ[2]の，非常にゆっくりとした波である。θ（シータ）波は4〜8ヘルツ，α（アルファ）波は8〜13ヘルツ，β（ベータ）波は13〜30ヘルツの早い波である。脳の機能が落ちてくると，δ波やθ波などの遅い波（徐波という）が出てくる。α波は安静にして目を閉じて脳が起きている時の脳波である。β波は緊張すると出てくる。睡眠時や認知症では，徐波のような遅い波が増えてくる。

9.2節 ‖ 睡眠－覚醒障害

精神疾患では睡眠－覚醒障害（sleep-wake disorder）を来すことが多い。うつ病，統合失調症，不安症でも不眠がよく生じる。発達障害の子どもや成人も睡眠障害を合併しやすい。本節では代表的な睡眠－覚醒障害である睡眠時無呼吸症候群，小児の閉塞性睡眠時無呼吸症候群，ナルコレプシー，

1　発作波の出現部位によってはてんかんであっても異常脳波が確認できないこともある。検査の精度が100％とは限らない。
2　Hz（ヘルツ）はサイクルと同じ意味で，1秒間に何回周期があるかを意味する。

レストレスレッグズ症候群，覚醒障害，概日リズム睡眠－覚醒障害について説明する。

A. 睡眠時無呼吸症候群

　睡眠中に無呼吸を繰り返すことで，さまざまな合併症を起こす障害である。あまり知られていないが，この障害は子どもにもみられる。ただし診断がつけられていることは多くない。

　空気の通り道である上気道が狭くなっているために，睡眠時に呼吸が一時的に止まることで睡眠障害が生じ，日中に強い眠気が生じる。首まわりの脂肪沈着，肥満，扁桃肥大，ダウン症などにみられる巨舌，鼻炎・鼻中隔弯曲，あごが後退していたり，あごが小さいなどの原因により，呼吸がスムーズにできない。症状としてはいびき，夜間の頻尿，日中の眠気や起床時の頭痛などがある。小児の場合は夜尿，夜間の異常行動（夢中遊行症：夢うつつで歩き回る。俗に夢遊病ともいわれる）などがみられる。

　治療としては経鼻的持続陽圧呼吸療法（Continuous positive airway pressure：CPAP）がある。

　鼻にマスクを当て，気道に陽圧をかけて狭い気道を広げることで呼吸状態の改善を図る。口腔内装置（マウスピース）を用いたり，肥満者では減量，節酒などの生活改善を勧める。治療をしないと，高血圧，脳卒中，心筋梗塞などを引き起こす危険性が一般の人よりも約3〜4倍高いとされる。

B. 小児の閉塞性睡眠時無呼吸症候群

　成人とは異なり日中の眠気よりも行動面の変化が出現する。イライラ，落ち着きがなくなる，成績低下，言語発達の問題，ワーキングメモリの低下などの情緒・行動・認知面の問題が生じ得る。発達障害，脳性麻痺，ダウン症の子どもでは気道閉塞やいびきの問題が多いため，注意が必要である。気付かれていないケースも多い，未治療・重症の場合は成長・発達に悪影響があるため注意が必要である。

C. ナルコレプシー

　ナルコレプシー（narcolepsy）とは睡眠発作，日中の過剰な眠気，情動脱力発作（カタプレキシー），睡眠麻痺，入眠時幻覚を主症状とする疾患である（**図9.4**）。睡眠発作は，突然著しく眠くなり，発作的に寝てしまう，

図9.4 眠り癖のある男（病草子より）
ナルコレプシーかもしれない（出典：国立国会図書館デジタルコレクション，病草子，土佐光長・画）

情動脱力発作は笑った瞬間などで急に脱力してしまう，睡眠麻痺は「金縛り状態」，つまり身体は動かないのに，脳は起きている状態を指す。入眠時幻覚とは寝入りばなに幻視や幻聴が生じ，患者は恐怖を訴えることが多い。

　10代から20代前半に発症することが多い。子どもの場合病気と気づかれていないことが多く，単なる怠けとみなされやすい。この疾患に気づかないと教師や親はただ子どもを叱責したり励ましたりするだけになりやすい。

　子どものナルコレプシーでは，眠気を表現しないことがある。症状としては，だるさ，疲れやすさ，ぼーっとしている，イライラ，不注意，忘れっぽさ，などADHD症状と表面的には似ている。したがって，ADHDを診断する際にもナルコレプシーを鑑別[3]する必要がある。

　補助診断として反復入眠潜時検査（Multiple Sleep Latency Test：MSLT）を行う。これは昼間の眠気を客観的に検査する方法で，日中に入眠にかかるまでの時間（入眠潜時），レム運動までの時間（レム潜時）を記録する。通常，入眠後数十分を経て現れるレム睡眠が，ナルコレプシーの場合は入眠後15分以内に出現する。一般に昼寝ではレム睡眠に至らないが，ナルコレプシーでは昼寝でもレム睡眠が出現する。情動脱力発作を伴う場合

3　ADHDの症状と一見似ているため，ADHDと診断する際にはナルコレプシーも想定した上で，ナルコレプシーではないことを確認する必要がある。

は，特定の遺伝子型と関連がある。

　治療は中枢刺激薬（メチルフェニデート）などドパミン系を刺激する薬を用いる。また，クロミプラミン，イミプラミンなどの三環系抗うつ薬もレム睡眠を抑制するので用いることもある。

D. レストレスレッグズ症候群（下肢静止不能症候群，むずむず脚症候群，Willis-Ekbom病）

　レストレスレッグズ症候群（restless legs syndrome：RLS）は児童期から老年期まで広範囲の年齢で生じ，症状は，①不快な下肢などの感覚に伴って脚を動かしたくなる（「むずむず」とは限らないし，下肢だけでなく，上肢や体幹にも生じる），②横になったりじっとしているときに生じる，あるいはひどくなる，③歩いたりストレッチすることにより軽減する。したがって，この疾患の人はよく歩き回ったり，ストレッチをすることがある，④夕方から夜間にかけて症状が強くなる，などの特徴がある。

　児童では注意の問題，集中力の問題，抑うつ，反抗挑戦的行動など，情緒・行動面の問題が生じることがある。下肢の不快感から授業中に静かに座っていることが困難で，多動・不注意にみえることからADHDを疑われることもある。実際にADHD児の約1/4に合併するとされている。両者ともドパミン神経系の異常が病態に関与しており，共通の機序をもつ可能性がある。鉄欠乏が関係することも多く，血液検査で鉄欠乏が確認されれば鉄剤を用いて治療する。

E. 覚醒障害

　その名称の通り覚醒することの障害であり，夜驚症（ノンレム睡眠からの覚醒障害），錯乱性覚醒，睡眠時遊行症がある。睡眠から覚醒に移行することがすんなりといかない障害であり，きちんと目覚めていないので，錯乱したり，ぼんやりするような行動をとる。上記の3つに共通することとして，深いノンレム睡眠の時に生じやすく翌日に行動を覚えていない。遺伝要因が強く自然治癒が多い。これらの覚醒障害は子どもによくある障害である。

i）夜驚症（睡眠時驚愕症）

　夜中に叫び声をあげ，呼吸促迫，発汗，頻脈などの自律神経症状を呈する。小児の1～6.5%に認められる。

ii）錯乱性覚醒

　いわゆる寝ぼけであり，ベッド上にとどまり混乱した状態で辺りを見回す行動がみられる。

iii）睡眠時遊行症（夢遊病）

　ベッドから出て歩いたり走ったりする。トイレでないところで排尿するなどの行動をとる。

F. 概日リズム睡眠－覚醒障害

　概日リズム睡眠－覚醒障害（circadian rhythm sleep-wake disorders）は睡眠と覚醒のリズムの乱れによる睡眠障害のことで，次のようなタイプが存在する（図9.5）。

i）睡眠相前進型

　睡眠覚醒時間が社会的に求められる時間帯に比べて2時間以上早まった状態が固定する。夕方に眠気を感じ早朝に目覚めるような状態で高齢者に多い。

ii）睡眠相後退型

　iの睡眠－覚醒相前進型とは反対に，睡眠覚醒時間が社会的に求められる時間帯に比べて2時間以上遅れている状態が3ヶ月以上続く。2時，3時ま

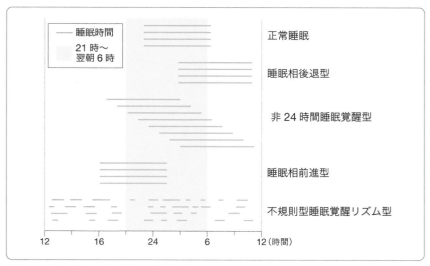

図9.5　主な概日リズム睡眠－覚醒障害

で目が覚めて眠れず，朝起きると11時になっているような状態である。生活が夜型になり遅刻が増え，明け方近くまで寝付けない，朝の目覚めが遅く昼頃まで起きられない。登校しても眠気で授業が受けられないなどの症状がみられる。そのため，大学生であれば，1限や2限などの早い時間帯の講義をとらない者も多い。10代で発症することが多く，高校生の0.4％程度にみられる。概日時計遺伝子の異常が想定され，遺伝要因も関与する。

iii）非24時間睡眠覚醒型

睡眠と覚醒のリズムが，24時間でない周期で継続する。光を浴びてリズムをリセットできないために生じ，全盲者に比較的多くみられる。寝つく時間，起きる時間が毎日1～2時間ずつ遅れていき，不登校や引きこもりの人にも出現する。

iv）不規則型睡眠覚醒リズム型

不規則睡眠－覚醒パターンを特徴とする障害で，睡眠覚醒リズムの消失あるいは極端な減少が見られる。昼夜を問わず睡眠と覚醒が不規則となり夜間の不眠（**図9.6**），日中の睡眠などが見られる。先天性脳障害児や認知症で出現することがある。

図9.6　不眠の女（病草子より）
病草子は平安末期から鎌倉時代初期に製作された。当時から不眠で悩む人がいたことがわかる。他の人がスヤスヤ寝ているのに一人眠れない孤独が表現されている。このように，不眠は睡眠だけの問題ではなくメンタル全般に影響を与える。（出典：国立国会図書館デジタルコレクション，病草子，土佐光長・画）

　睡眠障害の治療では薬物療法の前に，どのようなタイプの睡眠障害なのか診断・評価を行い，睡眠衛生に配慮することが必要である。

　睡眠状態の把握のためには**図9.7**のような睡眠日誌の記録を推奨する。定期的な運動，特に適度な有酸素運動を行ったり，寝室環境において音，光，温度，湿度が適切かなどを確認する。空腹で眠ると寝つきが悪くなるため，規則正しい食生活をする，就寝前の水分の摂りすぎに注意する，就寝前のカフェインを4時間前から控えるなどが睡眠衛生の指標である。

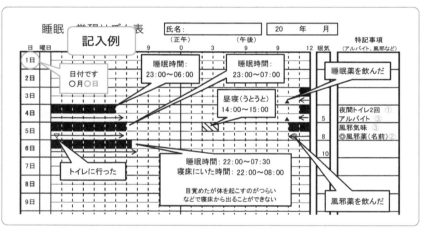

図9.7　睡眠障害の治療（出典：国立精神・神経医療研究センター）

　睡眠は精神科だけでなく，小児科，耳鼻科，歯科，呼吸器内科，神経内科など多数の専門分野が関与する。例えばアデノイド[4]であれば耳鼻科での手術が必要であり，歯科でマウスピースを作ることもある。また，呼吸の問題もあるので，呼吸器内科，子どもであれば小児科，脳波については神経内科が関与する。睡眠と覚醒は表裏一体であるので，睡眠の問題がある者は覚醒

4　アデノイドとは，鼻と喉の間にあるリンパ組織のこと。

の問題もあることが多い。したがって，睡眠だけでなく，夜眠れない，昼間寝てしまうなど，覚醒と睡眠のリズムで考えることが必要である。また，子どもの睡眠の問題は行動や認知，学業にも影響する。不眠というと睡眠薬の服用を考える人が多いが，そうではない。不眠があれば，睡眠覚醒リズムがどうなっているか，あるいは，呼吸が夜中に止まっていないか，いびきがないか，ナルコレプシーがないか，などの多様な検討をすべきである。また，発達障害児は定型発達児と比べて睡眠障害を高率に合併し，ASDの60〜86％，ADHDの25〜55％などかなり高い頻度で生じる。睡眠障害は生活の質（QOL）に多大な影響を与える。日中にぼーっとする，いらいらする，不注意があるなどの行動があれば，睡眠障害の可能性も想定する。

9.5節 睡眠−覚醒障害への心理職の関与

　スクールカウンセラーは子どもと一対一で対応するため，眠気も含めて子どもの状態を把握しやすい。授業中の居眠り，度重なる遅刻，夜更かしは子ども自身が好き好んで生じているのではなく睡眠問題のサインであり，単なる寝不足や怠けとは限らないという視点をもつことが重要である。また，夜驚などの覚醒障害，夜尿，不眠は「ストレス」と考えられがちだが，睡眠障害という視点をもつ。

　成人の場合でも不眠の訴えの背景にある不安や抑うつが生じていることもある。欧米の睡眠医学センターでは睡眠専門医（精神科医とは限らず，呼吸器内科医，耳鼻科医など）と不眠専門心理師がチームを組み，治療を行う。このような動きは日本においても将来的に出てくる可能性がある。

練習問題 ✏

問1　ヒトのサーカディアンリズムと睡眠について，正しいものを1つ選べ。
（令和2年度　第3回公認心理師試験　問86）
① 加齢による影響を受けない。
② メラトニンは，光刺激で分泌が低下する。
③ 時計中枢は，視床下部の室傍核に存在する。
④ 睡眠相遅延（後退）症候群は，夕方から強い眠気が出る。
⑤ ノンレム睡眠とレム睡眠は，約45分の周期で出現する。

問2　むずむず脚症候群について，正しいものを2つ選べ。
（令和2年度　第3回公認心理師試験　問131）
① 妊婦に多い。
② 鉄欠乏性貧血患者に多い。
③ 運動によって症状は増悪する。
④ 早朝覚醒時に出現する異常感覚が特徴である。
⑤ 選択的セロトニン再取り込み阻害薬〈SSRI〉によって症状が改善する。

引用文献
国立国会図書館デジタルコレクション. 土佐光長・画. 病草子.
国立精神・医療研究センター. 睡眠日誌.
　　　https://www.ncnp.go.jp/hospital/patient/docs/suimin.pdf
内山真. 眠りのメカニズムを知ろう！ Nursing today, 10, 2003, pp20-21.

参考文献
文部科学省. 生活リズムの確立と睡眠.
　　　http://www.mext.go.jp/a_menu/shougai/katei/08060902/003.pdf
大川匡子. 睡眠障害の子どもたち：子どもの脳と体を育てる睡眠学. 合同出版. 2015
　　　→子どもだけでなく睡眠の問題全体についてわかりやすく解説している
櫻井武. 睡眠の科学・改訂新版　なぜ眠るのか　なぜ目覚めるのか（Kindle版）. 講談社. p.195-
　　　199, 212-221.

第10章 物質関連障害および嗜癖性障害群

DSM-5では「物質関連障害および嗜癖性障害群（substance-related and addictive disorders)」というセクション名が採用された。物質関連障害とは，その名称の通り「物質」に関連して生じる障害のことである。その物質は次の10種類に大別される。

【①アルコール，②カフェイン，③大麻，④幻覚薬，⑤吸入剤，⑥オピオイド（モルヒネや，それに類似した作用を示す物質の総称），⑦鎮静薬・睡眠薬・抗不安薬，⑧精神刺激薬（覚醒剤），⑨タバコ，⑩その他（または不明）の物質】

これらの物質は，過剰に摂取されると脳の報酬系（第1章図1.4参照）の活性化を生み出し，快楽の感情をもたらす。「嗜癖」とはこれらの物質の使用と類似した行動障害のことを意味しており，ギャンブルをやめられないギャンブル障害が一例である。DSM-5では，後述する物質依存と物質乱用を合わせて使用障害（use disorder）と呼ぶ。本章では現在でも国内で使用されることの多い「物質依存」の用語を用いるが，物質関連障害とほぼ同じ意味である。

本章では薬物依存・アルコールの問題を中心に解説する。

10.1節 物質依存

物質依存の実態を把握することは難しい。国や文化的背景によって，薬物の種類や有病率が大幅に異なる。どの薬物が違法で，どの薬物が合法かというのも，国によってずいぶん違う。一部の薬物は違法であるため，犯罪とリンクする。そのため薬物依存の実数は非常につかみにくい。欧米に比較すると違法薬物の生涯経験率が一桁低い（成瀬，2017a）日本は，薬物依存に関しては数が少ないという意味ではいい国かもしれない。

薬物依存に対しては，芸能人やスポーツ選手，ヤクザなどが使うものというイメージがあるかもしれない。基本的には，非常に一般人の手に入りやすくなっている。誰もが薬物依存症になる時代といってもいい（成瀬，2017a）。

アルコール依存の経験者は，男性1.3％，女性0.3％である。日本の依存症者はおおよそ109万人と見積もられているが，その中で治療を受けているのはほんの4，5万人である。多くの場合，アルコール依存の人は，きちんと治療を受けていないという現状が表れている（厚生労働科学研究，2014年）。

物質依存の概念

物質依存とは，薬物等の物質の作用による快楽を得る目的または離脱による不快を避ける目的で，有害であることを知りながら，その薬物等を持続的に摂取せずにはいられなくなった状態である。よく，物質依存というと快楽を得る目的が浮かぶが，離脱による不快を避ける目的も多い。

依存が形成されると，患者は薬物に対する渇望（craving）を覚え，薬物を入手するための行動（薬物探索行動）をとる。「やめたくても，やめられない」というのが物質依存の特徴である。

急性中毒とは，精神作用物質の使用後に有害作用が発現している状態である。医学的には中毒といった場合，急性中毒を指す。例えば，アルコール中毒といえば，今まさにアルコールが体の中にたくさん入っていて，血液を採ってアルコール濃度を検査するとアルコール濃度が高いという状態である。患者は意識がなかったり，心臓がドキドキしたりする。今にも死にそうになることもある。

なお，「アルコールを乱用する」などといったときの「乱用」とは，ルールに違反した使用法を意味する社会的な概念である。例えば，19歳の人が1回でも酒を飲めばそれは乱用である。依存ではなくとも乱用という。

10.2節 ┃ 依存症の概念と分類

依存症の概念は，DSM-5，ICD-10，ICD-11（日本では現在翻訳中）と，さまざまな診断基準があるが，流動的である。

A. ICD-10の依存症の診断基準

ICD-10の依存症の診断基準は，以下の①〜⑥のうち3つ以上が過去1年の間に起こることとされる。

①物質使用の強い欲望や強迫感
②物質使用の開始，終了，使用量のコントロール障害
③物質使用の中止または減量した時の離脱症状の存在，離脱症状を避け
　るための使用
④耐性の証拠
⑤物質使用のために他の楽しみや興味を無視するようになり，使用時間
　を増やしたり，その効果から回復するために時間がかかる
⑥明らかに有害な結果が起きているのに使用する

出典：https://www8.cao.go.jp/koutu/chou-ken/h21/pdf/ref/381.pdf
（内閣府HPより抜粋）

　④の「耐性」とは，だんだんと薬の量が増えていく現象をいう。最初はす
ごくアルコールに弱かったのに，飲んでいるうちに少しずつ強くなっていく
ことである[1]。⑥の「有害な結果」とは，例えば，アルコールの場合，肝臓
等に異常が生じている場合などである。

B. DSM-5の依存症の診断基準

　DSM-5の依存症の診断基準の要点は，12ヶ月間に以下の①～⑪のうち2
つ以上を満たすことである。

①意図されたより大量または長期に使用
②使用量を減らそうとする欲望または不成功な努力
③物質の入手，使用，回復などに大量の時間を要す
④物質に対する渇望
⑤社会的機能の破綻を起こすような反復使用
⑥反復する社会または対人関係問題にもかかわらず使用を継続する
⑦物質使用のために重要な社会，職業活動などを放棄
⑧身体的に危険を伴う状況での物質の反復使用
⑨精神的・身体的問題が物質使用に起因していることを知りつつも使用

1　ある薬物（例えばアルコール）について生じた耐性が，他の薬物（例えばバルビツール酸系化合物）
に引き継がれることを交叉耐性とよぶ。

継続
⑩耐性
⑪離脱症状

＊重症度：軽度2～3項目，中等度4～5項目，重度6項目以上
（出典：日本精神神経学会（日本語版用語監修），髙橋三郎・大野裕（監訳）：DSM-5 精神疾患の診断・統計マニュアル. p483，医学書院，2014.）

　②は，自身でもやめたいという欲望はあるが，不成功に終わってしまうことである。⑥は，職場での問題行動や対人関係，家族間でのトラブルを指す。⑪の離脱症状とは，例えばアルコールが切れるとドキドキ，イライラし，時には手が震えるなどの自律神経症状のことを指す。
　DSM-5には，"重症度"という考え方がある。この11項目中，2～3項目が当てはまる場合「軽度」，4～5項目が当てはまる場合「中等度」，6項目以上当てはまる場合「重度」となる。
　DSM-5では，「依存症」に関して，依存（dependence）と乱用（abuse）の文言が撤廃され，**使用障害**（use disorder）の用語が採用され，上記のように**重症度**を評価するようになっている。

10.3節 薬物依存

A. 薬物依存の位置づけ

　薬物の依存については，マスコミでもよく取り上げられる。特にタレントやスポーツ選手が薬物を使用した際に大きく取り上げられる。多くの場合，「薬物使用＝犯罪」として取り扱っている。
　医学的には薬物依存は病気である。専門家は，薬物依存の人をヘルプして，その人の生活の質を上げる。なおかつ，その人が社会復帰できるように支援していくのが仕事である。
　治療については，過去には薬物依存であったら断薬，アルコール依存であったら節酒ではなく断酒させるという方針であったこともあるが，現在では，断薬や断酒にとらわれず，患者と治療者の信頼関係を構築していくことが重視されている。

・薬物依存の原因

依存性のある薬物の影響によって，中脳の腹側被蓋野から側坐核に至る脳内報酬系と呼ばれるＡ10神経系に異常が生じている。

B. 依存性薬物の特徴

DSM-5を見ると非常に多くの依存性薬物がリストアップされており，圧倒されるかもしれない。依存性薬物を抑制系（ダウナー）と興奮系（アッパー）に分けると理解しやすい。

ダウナー系薬物の代表は，アルコールやベンゾジアゼピン系薬物（抗不安薬や睡眠薬の多くがこの系統），アヘン系，バルビツール類（現在はあまり使わない昔の睡眠薬），有機溶剤（主にシンナー），大麻などである。

アッパー系薬物の代表は，コカイン，覚醒剤，LSD，ニコチンなどである。

主な依存性薬物を**表10.1**に示す。なお，麻薬，向精神薬，覚醒剤などと呼ぶのは法的な分類であり，この分類は国によって異なる。

表10.1　主な依存性薬物

中枢神経抑制作用（ダウナー系）	中枢神経興奮作用（アッパー系）
モルヒネ・ヘロインなどのオピオイド（麻薬） バルビツール ベンゾジアゼピン アルコール シンナー・トルエンなどの有機溶剤 大麻 危険ドラッグ（合成カンナビド系）	覚醒剤 コカイン LSD MDMA ニコチン 危険ドラッグ（カチノン系）

C. 依存

依存には身体依存と精神依存がある。身体依存は，薬物の効果がなくなると体へのさまざまな症状が出現するのが特徴である。震えてきたり，ドキドキしたりという身体症状が出現する。これを離脱症状と呼び，身体依存の特徴である。精神依存には離脱症状はなく，心理的に依存する状態である。薬があると気持ちが楽になるというように感じる。

精神に作用する物質の使用を止められないことを物質依存状態という。例

えば，いつも抗不安薬を飲まないといられない，アルコールを飲まないといられない，覚醒剤がいつも必要などである。これを精神と身体に分けると，以下のようになる。

精神依存：自分の意志では使用を制御できない状態
身体依存：薬物の存在によって生体が生理的平衡を保っている状態

　「生理的平衡を保っている状態」とは，心臓が正常に打っていて，呼吸も正常で，意識もしっかりしていて特に苦痛がない状態である。しかし，身体依存が1回形成されると，例えば薬物やアルコールがなくなると離脱症状，いわゆる禁断症状を生じる。これにより，ドキドキしたり，手が震えたり，気分が悪くなって吐きそうになるなどの身体症状が出現する。基本的には，中枢神経抑制作用を有する物質（アルコールなど）は身体依存を呈しやすい。
　注意してほしいのは，精神依存・身体依存の程度である。アッパー系の薬物（コカイン，覚醒剤，LSD）には身体依存はない（表10.2）。ニコチンに身体依存がまったくないとはいえないが，あってもごく軽微である。したがって，急にやめてもドキドキしたり，真っ赤になったり，手が震えたりという離脱症状は出現しない。
　身体依存があるのはアルコールなどのダウナー系の薬物である。大麻やLSDには強い催幻覚作用（薬物により幻覚が生じること）がある。精神毒性（幻覚・妄想などの精神病症状を引き起こす作用）については，覚醒剤が

🐻 **Column** 全国の精神科医療施設における薬物関連精神疾患の実態調査

　2016年の「全国の精神科医療施設における薬物関連精神疾患の実態調査」で収集した薬物関連障害患者2262例の主乱用薬物の内訳（松本ら，2017）によると，53.4%は覚醒剤であり，危険ドラッグが4.5%，睡眠薬・抗不安薬が17.0%，有機溶剤が8.5%，多剤が5.6%，市販薬が5.2%，大麻が3.6%，処方鎮痛薬が0.9%，その他が1.3%となっている。
　市販薬には，風邪薬において麻薬に近い成分が使われているものや，咳止め，頭痛薬も含まれる。

表10.2 さまざまな薬物の特徴

中枢作用	薬物のタイプ	精神依存	身体依存	耐性	催幻覚	精神毒性	法的分類
抑制	アヘン類	+++	+++	+++	−	−	麻薬
抑制	バルビツール類	++	++	++	−	−	向精神薬
抑制	アルコール	++	++	++	−	+	その他
抑制	ベンゾジアゼピン	+	+	+	−	−	向精神薬
抑制	有機溶剤	+	±	+	+	++	毒物劇物
抑制	大麻	+	±	+	++	+	大麻
興奮	コカイン	+++	−	−	−	++	麻薬
興奮	覚醒剤	+++	−	+	−	+++	覚醒剤
興奮	LSD	+	−	+	+++	±	麻薬
興奮	ニコチン	++	±	++	−	−	その他

注：① ＋が多いほど程度が強い。　　　　　　　　　　　　　　　　　（成瀬，2017a）
　　② −は作用なし。
　　③ ±は作用がある時もない時もあることを表す。

非常に強く，メタンフェタミンの乱用によって統合失調症の幻覚・妄想と区別できない精神病症状を生じる。

D. 主な依存性薬物の詳細

i）覚醒剤

　覚醒剤にはアンフェタミンとメタンフェタミンがある。薬理的な作用としては，神経末端からドパミンを放出し，それを促進する。ドパミンは興奮させる神経伝達物質なので，多幸感が出現し集中力が出て，疲労感が低下する。食欲が低下するため，やせ薬として不適切に使用する人もいる。眠気がなくなるため，眠気どめとして使用されることもある。覚醒剤を疲労回復や痩せ薬などとして使用することを繰り返しているうちに，耐性が形成され，使用量の増加につながる。慢性的に摂取すると幻覚や妄想が出現し，徐々に増強される（逆耐性）。この症状は統合失調症に類似しており，覚醒剤精神病と呼ぶ。

覚醒剤の使用を中止しても，ストレスなどにより再び幻覚や妄想が発現することがあり，これを再燃現象（フラッシュバック）と呼ぶ。

使用方法については，昔は注射中心であったが，今は"あぶり"といい，あぶって煙を吸う吸煙が多い。また，覚醒剤は，以前はシャブという言葉で呼ばれていた。最近，ここ10年ではスピードやエスという言い方がされている。

ⅱ）精神刺激薬

精神刺激薬は，覚醒度や気分を高める効果のある中枢神経を刺激し，精神活動を高める薬物である。日本では治療薬としてメチルフェニデートとリスデキサンフェタミンが使用されている。

メチルフェニデート（商品名：コンサータ®）はADHDとナルコレプシーが適応（薬が効く対象の病気）として認められている。コンサータはメチルフェニデート徐放剤と呼ばれ，体の中に少しずつメチルフェニデートが放出されるような特殊な加工がされたカプセルになっている。

リスデキサンフェタミンは体内でアンフェタミンに変わり，ADHDの治療に使われる。どちらも乱用を避けるために資格のある医師，薬剤師しか取り扱うことができない。

ⅲ）有機溶剤[2]

有機溶剤とは，他の物質を溶かす性質をもつ有機化合物のことで，塗装，洗浄，印刷等の作業に使用されている。有機溶剤は一般に揮発性が高く呼吸や皮膚を通じて体内に吸収される。シンナーやラッカー，ボンドなどが依存の対象になる。

吸引により万能感が出現し，夢幻様状態，幻視などが出現する。毒性は強く，突然死することもあるので注意が必要である。

ⅳ）MDMA（3,4-methylenedioxymethamphetamine）

MDMAとは合成麻薬のことで，通称「エクスタシー」と呼ばれ幻覚薬の一つである。高揚感や多幸感，親近感を生じさせ，幻覚が出現し時間感覚が変容する。耐性が生じやすく，離脱期には抑うつや不安が強くなる。急性，慢性の妄想型精神病になりやすい。

ⅴ）抗不安薬・睡眠薬

現在，大きな問題になっているのはベンゾジアゼピン系の抗不安薬，睡眠

2　揮発溶剤と同義，DSM-5では「吸入剤」と表現される。

薬の依存である（詳細は14.3節D, E）。どちらも乱用，依存のリスクがある。抑制系薬物であり，弱い身体依存も生じる。常用量（普段，医師が処方する量）も依存が形成されることが問題になっており「常用量依存」という。したがって漫然と長期にわたって投与することは避けなければいけない。

vi）危険ドラッグ

危険ドラッグは急性錯乱状態や妄想状態が生じるために暴力行為などの問題を起こし，一時期社会問題になったが，現在は下火になった。危険ドラッグは覚醒剤や大麻の化学構造式を変えることで作られている。特に2011年から2014年ごろまで流行して，さまざまな事件になった。2014年の改正薬事法によって，一応の終結をみた。

10.4節 ｜ アルコール関連障害

アルコールに関連した障害として，一番多いのは酩酊である。酩酊にはいくつかの分類があり，以下の通りである。

表10.3　酩酊の分類

単純酩酊		一般的な「酔っ払い」状態のこと
異常酩酊	複雑酩酊	極端に興奮して，興奮が長く続く。言っていることは大体わかる，突飛なことは言わず了解可能。
	病的酩酊	少量の飲酒でも数分以内に急に人が変わったようになる。非常に攻撃的で，情緒不安定な状態になる。意識障害も顕著。

A. アルコール依存

アルコールは耐性を生じやすい。長期に飲んでいると，だんだんと量が増えていく。依存が形成されると，飲酒をやめるか減量すると，離脱症状が生じる。**表10.4**に飲酒中止からの時間と対応する離脱症状の例を挙げる。

アルコール依存症では多様な精神症状が出現する。なかでも嫉妬妄想は出現しやすく，男性に多い傾向にある。パートナーの不倫を疑うことが多い。

アルコール幻覚症は被害的な幻聴を主な症状とする幻覚症で，意識がクリアな状態で生じることを特徴とする。アルコールを飲むと意識がぼーっとしたり気が大きくなったりするが，そういった状態を指すものではない。

表10.4　飲酒中止からの時間と離脱症状の例

飲酒中止からの時間	離脱症状
早期（飲酒をやめて48時間以内）	不安焦燥（イライラ, 不安感）, 抑うつ, 発汗, ドキドキ, 振戦（手が震えること）, 発作（てんかん発作と同じような発作を起こすことがある）, 幻視, 幻聴
後期（72〜96時間以内）	振戦せん妄（精神運動興奮, 幻覚, 意識変容（ボーっとする）, 小動物視） 非暗示性の亢進（リープマン現象）（「何か見えるでしょう?」と言うと「見える」と答える）（患者に目を閉じた状態で, 指で目を抑えて「見えるでしょう?」と聞く）

　アルコール依存症全般に，うつ病や不安症，パニック症を併存しやすい。自殺率も高く，生涯自殺率が7〜15%といわれている。

B. アルコール依存と脳の変化

　アルコール依存症患者では，前頭葉萎縮や脳室（側脳室，第3，4脳室）の拡大がみられる。**表10.5**はアルコール多量摂取の影響で起こる可能性のある脳症である。

表10.5　ウェルニッケ脳症とコルサコフ症候群

ウェルニッケ（Wernicke）脳症	ビタミンB欠乏によって引き起こされる急性の脳症。けいれんを伴い, 眼球運動異常や歩行障害を来す。回復しても健忘症が後遺症として残る
コルサコフ（Korsakoff）症候群	ウェルニッケ脳症の後遺症として, あるいは脳症はなくとも, 健忘症が長期にわたって継続する。海馬・海馬傍回の萎縮が特徴的（第三脳室下角の拡大）

10.5節 ┃ 薬物依存・アルコール依存の予後と治療

　日本はいわゆる厳罰主義の国である。例えば，「人間をやめますか，覚醒剤をやめますか」というようなCMがあったり，芸能人やスポーツ選手が覚醒剤を使用したという報道が出ると，日本ではその人物を"叩く"とい

う動きがある。このように薬物使用に関して厳罰的な考えをもっているのは日本の特徴といえる。欧米では「刑罰より生活支援」が基本になっている。

　現在，覚醒剤や麻薬に関して，ハーム・リダクション（harm reduction）の考えが広がっている。ハーム・リダクションは二次被害低減と訳すことが多い。これは「すべての薬物使用者に適用される，薬物使用によるharm（痛み，害）低減のための，ヘルスケア，社会福祉サービスの政策，および支援実践の理念（松本，2019よりCollins et al.の引用）」と定義される。具体的にいうと，薬物をやめろやめろと言うのではなく，薬物によって起きる被害をいかに少なくするかという考え方である。例えば，以下の方法がある。

　①注射をするのに適した部屋を設置する
　②無償の注射器の交換サービス
　③メサドン代替療法
　④断薬を条件としない住宅サービスや就労プログラム
　⑤過量摂取予防教育
　⑥過量摂取時の予防薬投与
　⑦安全な物質使用に関する情報提供

〔解説〕
　②清潔な注射器を無償で提供することで，感染症を防ぐ。
　③薬物依存となった場合に，他の依存性薬物と似たような作用のあるメサドンを使用し，少しずつ慣らしていくという代替療法である。
　⑥の予防薬投与とは，薬物を過量摂取した場合に，その拮抗薬を投与し，影響が出ないようにするという方法である。
　⑦「安全な物質（依存性の薬物）使用に関する情報提供」とは，いかに安全に依存性の薬物を使うかということを教育していくことである。つまり，薬物使用は止められないという人が一定の割合で存在することを前提に，個人および社会レベルにおける薬物使用のダメージを低下させる。絶対的な断薬を求めるよりも命の危険がおよばない程度に，少しダメージを減らそうという発想である。薬物による個人レベルと社会レベルでのダメージを減らすのがハーム・リダクションであり，薬物の使用量減少を主目的としていない。

治療

　薬物使用をする人は大抵，自己評価が低く孤立している。また孤独感を

もっており，誰も助けてくれないと思っている。なかには家族にも見放された人もいる。このような人が病院に行き，あるいはカウンセラーと会って，また薬物使用に関して説教をされたとしたら治療は継続しないだろう。

つまり，薬物やアルコール依存を治療する場合，どのような方法で本人が「やめたい」と思い，「やめましょうか」という方向に動機付けをしていくかという治療関係づくりが大事なのである。

アルコール依存に関しては断酒会やAA（アルコールアノニマス：匿名で参加する断酒会），薬物依存に関してはダルク[3]など，さまざまな自助グループがある。そこからさらにリハビリ施設につないでいく。

依存症の人々は，貧困などさまざまな生活上の問題をもっている。そういったことに対して，ケースワーク的な解決援助をしていく。さらに本人の家族も追い詰められていることも多いため，家族支援や家族教育も大事になってくる。

10.6節 │ 依存症／薬物使用障害特有の問題

薬物依存に比較的特有の問題として，治療者の陰性感情がある。精神科医の専門は多岐にわたるが，アルコール依存や薬物依存の専門医は非常に少ない。特に薬物依存の専門医は少ない。病院によってははっきりと依存症の人，薬物依存の人はお断りしますというところもある。「依存症＝怖い」と思っている人も多いだろう。そういった治療者の陰性感情は非常に強い。だが実際に付き合ってみると患者らは"怖い人"ではなく，自己評価が低くて悩んでいるという，そういう意味では他の患者と何ら変わりない。断酒会や自助グループ，リハビリ施設で回復者に会うことによって陰性感情は減っていくともいわれている（成瀬，2017b）。

また，日本では昔から"底つき"という伝統があり，これはアルコールや薬によってどん底を味わうような経験をしないと治療ができないというものである。家族や子どもに見放され，職も無くしてどうしようもなくなっても本人がその気になるまでは支援してもしょうがない，治らないという見方が一般的であった。今はそうではなく，例えば患者が「1ヶ月我慢したが，

3　ダルク（DARC）：Drug Addiction Rehabilitation Centerを組み合わせてダルクと呼ばれる。薬物依存症からの回復を支援する組織。

1ヶ月後に飲んでしまった」と言ったら、「1ヶ月もよく我慢できましたね」と、そういう見方をしていく。アルコールでも薬物でも一緒である。ダルクや自助グループしか入れるところがないという見方が強かったが、そうではなく、クリニックベース、病院ベースでもできる支援はたくさんあるというのが最近の考え方である。

10.7節 薬物依存者への心理職の関与

薬物依存者に対して心理職ができることは非常に多い。主なものを列挙する。
　①依存についての情報提供・疾病教育
　②認知行動療法、行動修正プログラムの提供
　③家族支援・家族教育などの提供
　認知行動療法をベースにした行動修正プログラムは日本でも盛んに行われており、心理職はよく関与している。また、家族が極めて追い詰められているケースもあるため、家族支援や家族教育を適切にしていくことも大事なことである。

練習問題

問1　物質関連障害について、正しいものを1つ選べ。
（令和2年度　第3回公認心理師試験　問93）
① 物質への渇望や強い欲求を身体依存という。
② 物質の使用を完全に中止した状態を離脱という。
③ 身体的に危険な状況にあっても物質の使用を反復することを中毒という。
④ 同じ効果を得るために、より多くの物質の摂取が必要になることを耐性という。
⑤ 物質の反復使用により出現した精神症状が、再使用によって初回よりも少量で出現するようになることを乱用という。

問2 アルコール依存症の離脱症状について，正しいものを2つ選べ。

（令和2年度　第3回公認心理師試験　問132）

①過眠　　　②幻視　　　③徐脈　　　④多幸　　　⑤けいれん

問3 ギャンブル等依存症について，正しいものを1つ選べ。

（令和元年度　第2回公認心理師試験　問124）

① 本人の意思が弱いために生じる。

② パーソナリティ障害との併存はまれである。

③ 自助グループに参加することの効果は乏しい。

④ 虐待，自殺，犯罪などの問題と密接に関連している。

文献

Collins, S. E. et al. Current status, historical highlights, and basic principles of harm reduction. Harm Reduction 2nd ed. Guilford Press. 2011. pp3-35.

松本俊彦. 薬物依存症（ちくま新書）. 筑摩書房. 2018

松本俊彦. ハーム・リダクションの理念とわが国における可能性と課題. 精神神経学雑誌. 121巻12号. p.914-925. 2019.

成瀬暢也, 誰にでもできる薬物依存症の診かた, 中外医学社, 2017a.

成瀬暢也, アルコール依存症治療革命, 中外医学社, 2017b.

第11章

認知症

11.1節 認知症の定義と症状

認知症[1]は「生後いったん正常に発達した種々の精神機能が慢性的に消退・消失することで日常生活・社会生活を営めない状態」と定義される。

知的能力障害は生まれつき知的な障害があるが、認知症の場合はいったん正常に発達した機能の水準からの低下であることが大きな違いである。

DSM-5では認知機能の低下のために自立して日常生活をおくることができないほどの場合に認知症（major neurocognitive disorder）、軽度の認知の障害があるが自立して生活できるほどの場合は軽度認知障害（mild neurocognitive disorder）と呼ぶ。

認知症を引き起こす病因はさまざまである。例えば、有名なアルツハイマー病は認知症を引き起こす最も頻度の高い病因であり、アルツハイマー病と呼ぶことが多い。これをDSM-5を適用して診断する場合は、自立できないほどに状態が重ければ「認知症」、そこまで進行しておらず、ある程度自立していれば「軽度認知障害」と診断する。さらに病因を記載する場合には「アルツハイマー型」や「血管型」のように「型」をつけて記載する。なお、軽度認知障害はDSM-5の出現以前からMCI（Mild Cognitive Impairment）と呼ばれており、現在もMCIの用語が用いられることが多い。

DSM-5では、神経認知障害（Neurocognitive Disorder）というカテゴリーが新設され、そのカテゴリーの中でせん妄、認知症（major neurocognitive disorder）、軽度認知症（mild neurocognitive disorder）の3領域が規定された。認知症の診断は以下に示す6つの認知領域において機能障害を評価することでなされる。

認知症とアルツハイマー病や血管性認知症などの関係を誤解している人は少なくない。認知症は病名ではなく、一定の状態を指す用語で、医学的には病態という。一方、アルツハイマー型認知症やアルツハイマー病という時は

1　本書では全体としてDSM-5に従って記載しているが、認知症については従来の用語も頻用されており、参考文献に挙げたテキスト（日本精神神経学会認知症診療医テキスト）の用語も使用している。

疾患名（病名と同じ意味）である。認知症という状態を起こす原因は非常に多い。アルツハイマー型認知症（＝アルツハイマー病）はその原因となる病気の一つである。せん妄，認知症，軽度認知症は病態であって病名ではない。

医師はまず認知症などと病態を把握し，その後，問診や検査などによってアルツハイマー病などの疾患を診断する。

軽度認知障害（Mild Cognitive Impairment：MCI）

その時点では認知症でも正常でもないが，近い将来アルツハイマー病などの認知症に移行する可能性が高い状態である。臨床ではMCIと呼ばれることが多い。なお，同様の状態をDSM-5ではmild neurocognitive disor-

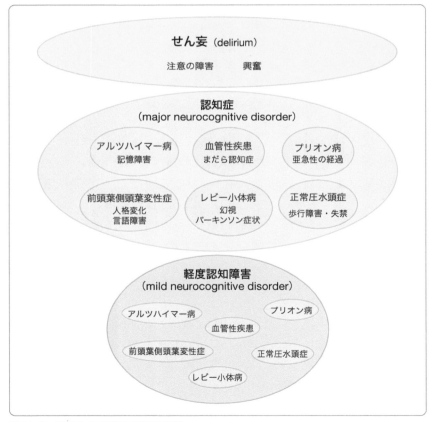

図11.1　DSM-5の神経認知障害群

derと称するが，日本語訳は同じである。例えば，記憶障害がある場合，MCIの段階で症状を自覚しており（自覚しないほど進行すればMCIではない），検査をすると記憶障害が確認できる。日常生活の能力はかなり保たれており，記憶以外の全般的認知機能はほぼ正常である。例えば計算をすることなどはできる，しかし，認知症ではないという状態のことを軽度認知障害という。

Column　MCIとDSM-5の軽度認知障害について

　　MCIとDSM-5の軽度認知障害（mild neurocognitve disorser）は厳密には異なる概念である。MCIは主としてアルツハイマー病の前駆状態（アルツハイマー病と診断できるほど重度ではない状態）について議論されてきた。一方，DSM-5の軽度認知症はアルツハイマー病だけでなく，すべてのタイプの認知症について適用される。

A. 神経認知領域

　認知症と診断するためには，複合的注意，実行機能，学習と記憶，言語，知覚－運動，社会認知の6領域の評価が必要になる。

　複合的注意は，持続的注意（一定時間注意を維持すること），分配性注意（同時に二つのことに注意を配分する機能，運転しながら会話するなど），選択性注意（必要なことに選択して注意すること，余計なことを無視できること），処理速度からなる。実行機能は，物事を計画し意思を決定し，実行する能力である。ワーキングメモリー（複数の情報を同時に保持して，操作する能力，暗算などで必要になる）も強く関連する。学習と記憶については新しい情報を覚える能力，必要に応じて思い出す能力などを指す。言語についてはスムーズに意思を言語で表現したり言語を理解する能力を指す。知覚－運動は絵を描いたり，線分を二等分したり，身振りを模倣したりする能力である。社会認知とは他者の考えを理解したり，場面にあった行動をする能力を指す。

　このような能力が病前より低下しているかどうかを検討して診断する。

　DSM-5における認知症の診断基準は以下の通りである。

DSM-5における認知症の診断基準

A．1つ以上の認知領域（複雑性注意，遂行機能，学習および記憶，言語，知覚－運動，社会的認知）において，以前の行為水準から有意な認知の低下があるという証拠が以下に基づいている：

（1）本人，本人をよく知る情報提供者，または臨床家による，有意な認知機能の低下があったという概念，および

（2）標準化された神経心理学的検査によって，それがなければ他の定量化された臨床的評価によって記録された，実質的な認知行為の障害

B．毎日の活動において，認知欠損が自立を阻害する（すなわち，最低限，請求書を支払う，内服薬を管理するなどの，複雑な手段的日常生活動作に援助を必要とする）

C．その認知欠損は，せん妄の状況でのみ起こるものではない

D．その認知欠損は，他の精神疾患によってうまく説明されない（例：うつ病，統合失調症）

（出典：日本精神神経学会（日本語版用語監修），高橋三郎・大野裕（監訳）：DSM-5 精神疾患の診断・統計マニュアル．p594．医学書院．2014）

　DSM-5の診断基準を見ればわかるように，診断をするためには普段の言動に関する情報が必要である。認知症の場合は本人から聞き取ることが難しい場合が多いため，家族から情報を得ることが重要である。診断基準Bの「**手段的日常生活動作**（instrumental Activity of Daily Living：**iADL**）」とは，日常生活動作を意味する**ADL**にinstrumental（手段的）を加えた語である。独居を想定して，道具を用いた日常生活機能を意味する。具体的には料理や家事，洗濯，掃除，買い物，金銭管理，交通機関の利用，電話・スマホの利用，運転の能力を指す。こういったことは日常生活を送るうえで必要なアクティビティである。認知症になると，この手段的日常生活動作が元のレベルよりも低下してくる。

B. 中核症状とBPSD

　認知症の症状は，中核症状と精神症状・行動障害（BPSD）の2つに分けられる。

i）中核症状

中核症状は認知症のメインの症状である。記憶障害や見当識障害，実行機能障害が中核症状であり，理解力や判断力が低下する。

記憶障害は，何度も同じ話をする，さっき聞いた話をまたしているなどが典型である。例えば，食事をしたのを忘れて，「お嫁さんが食事をくれない」と言ったり，昼食を食べた瞬間に「昼ごはん食べたっけ？」と言ったりする。こういった最近のことを忘れることを近時記憶障害という。

取り繕い反応もよく見られる。記憶障害の病識が乏しいため，言い訳して取り繕うことを取り繕い反応という。診察の際，「今日は車で来ましたか？電車で来ましたか？」「朝何時ごろ出ましたか？」などと聞くと，「いつもと同じですよ」と返ってきたり，「昼ごはんは何を食べましたか」と聞かれて，「もう歳ですので，あまり食べられません」と返ってきたりする。または，見当識障害のチェックのために，「ここはどこですか？」「今日は何日ですか？」と聞くと，怒り出したり「ここはここですよ」と言ったりする。

他に，振り返り兆候というものがある。これは，質問された時に，家族を振り返る（家族に答えさせようとする）ことである。

見当識障害

見当識というのは，時間，場所，人物を把握していることであり，認知症では見当識の障害が経過の中で出現してくる。「今日は何月何日ですか？」とか「ここは，どこですか？」のような質問に答えられないような状況である。

実行機能障害（遂行機能障害とも呼ぶ）は，物事をプランを立てて実際に実行する機能であり，この機能が障害されると家事の段取りができなくなったり，交通機関を利用するプランを立てて移動することが難しくなって遅刻を繰り返したりする。

ii）周辺症状（BPSD）

ケアの状況によっては精神症状・行動障害が激しく出ることがある。この精神症状・行動障害の部分をBPSD（Behavioral and Psychological Symptoms of Dementia：認知症の行動・心理症状）という。BPSDは介護者にとって負担になることが多い。代表的な行動症状と心理症状を**表11.1**に挙げる。中核症状だけでなく，BPSDについても把握することが必要である。

表11.1　行動症状と心理症状の例

行動症状	暴力・暴言・徘徊・拒絶（ケアの拒絶など）・不潔行為（弄便行為など）等
心理症状	抑うつ・不安・幻覚・妄想・睡眠障害等

C. 発症様式と経過

　認知症に限らず，高齢者のメンタルな問題を評価する際には発症様式を知ることが大切である。症状がどのような始まり方をしたか，どのぐらいのペースで進行してきたかなどのあり方を発症様式という。

　発症様式と経過を，**急性**，**亜急性**，**慢性**の3種に分けることが多い。認知機能の低下などの症状が急性に生じたのか，亜急性（数日から数週間）なのか，慢性なのかで，どのような疾患が原因で認知機能の低下が生じているのか，ある程度めどをつけることができる。

　急速に認知機能が低下している場合には，脳血管障害，頭部外傷，身体的要因，薬物性，心理的なショックなどが想定される。亜急性の発症は，脳炎（ウイルス性脳炎，エイズ脳炎），代謝性疾患（糖尿病など），慢性硬膜下血腫（頭を打ってその後硬膜の下に血腫ができる症状），腫瘍性病変（脳腫瘍）によって起こることが多い。認知症の多くは慢性の経過をたどる。認知症は，すべての症状が同時に出現するのではなく，進行に伴い徐々に出現する症状が変化していくのが特徴である。

11.2節 ‖ 4大認知症

　アルツハイマー病，レビー小体病，前頭側頭型認知症，血管性認知症を一般に4大認知症と呼ぶ[2]。

　DSM-5を適用すれば，日常生活ができないほど重度の人であれば「アルツハイマー病による認知症（DSM-5）」，そこまで重度でなければ「アルツハイマー病による軽度認知症（DSM-5）」と記載する。同様に，前頭側頭型認知症（DSM-5），前頭側頭型軽度認知症（DSM-5）のように「認知

2　なお，認知症領域では同じ概念であっても多様な病名があり混乱しやすいので注意する。DSM-5に基づいた病名と日本精神医学会の名称では微妙に異なることが多いが，どれが正しいというわけでもなく，日常臨床においては色々な名称がある。例えば，アルツハイマー病とアルツハイマー型認知症，前頭側頭型認知症と前頭側頭変性症は同じ意味で用いられる。

症」か「軽度認知症」かを明らかにしてDSM-5に基づいていることを示すために「（DSM-5）」を追記する。以下にアルツハイマー病などについて解説していくが、アルツハイマー病や血管性認知症などといった場合は、認知症になる病因（認知症や軽度認知症を生じる原因）について述べていることに注意してほしい。

A. アルツハイマー病

　アルツハイマー病は、認知症全体の半分以上を占めている。認知機能の低下がゆっくりと進行するのが特徴である。アルツハイマー病の特徴は（1）大脳皮質の神経細胞が減少することによる大脳の萎縮があり、（2）老人斑と呼ばれるシミのような異常構造が多発すること、（3）神経細胞の中に神経原線維変化という繊維状の塊が蓄積することである。

　CTやMRIで見ると大脳皮質が委縮しており、そのため脳室が拡大している。脳室というのは脳脊髄液が流れている脳の中の空洞で、そこが拡大している状態である。

　老人斑の成分はアミロイドβタンパク質（Aβ）であり、Aβの産生、あるいは蓄積の異常などがアルツハイマー病の発症に深く関係しているという"アミロイドカスケード仮説"が現在広く支持されている。一部には、遺伝性の非常に強い家族性アルツハイマー病もある。

i）アルツハイマー病の経過

　認知症は時間経過とともに症状は進行し重症化する。

　多くの例では記憶障害で発症し、意欲や興味・関心の低下があり、うつ病のような症状を呈することもある。見当識障害が生じ、自分のいる場所や日付、時間がわからなくなってくる。この時期はまだ多くのことは自分で行える。その後記憶障害が進行する。さらに、実行機能障害により、物を片付けたり、着替えたり、掃除するといったことが困難になる。失語、失行、失認、BPSDが顕在化してくる。

　運動機能低下に伴い失禁が出現し、最終的には寝たきりになる。寝たきりになり失禁状態になると尿路感染症を起こしやすくなる。食事が食道でなく気管に入ってしまうことを誤嚥という。誤嚥すると、細菌やウイルスが肺で繁殖し肺炎を起こす。これを**誤嚥性肺炎**（嚥下性肺炎）という。誤嚥性肺炎によって死亡するケースが多い。

全体の経過はさまざまであり，長い経過をたどっていく。最近では前駆期が注目されており，発症の10年前にはすでにアミロイド沈着が始まっている。PETスキャンを行うと，発症のずっと前からアルツハイマーになりやすい特性がわかることがある。

ii）アルツハイマー病の診断

　認知の問題だけでなく，せん妄，妄想，うつがあると，認知症を疑うことが大事である。老年期のうつ病は認知症と似た症状を呈する。このことから，老年期のうつ病が仮性認知症と呼ばれることがある。うつ病では健忘に対して自己卑下する傾向が強いが，アルツハイマー病ではそれほど強くない。

iii）アルツハイマー病の治療

　主にコリンエステラーゼ阻害剤（ドネペジル，ガランタミン，リバスチグミン）が使われる。グルタミン酸受容体拮抗薬であるメマンチンも処方される。進行を遅らせる効果があるといわれている（14章参照）。

　認知・記憶の問題がアルツハイマー病の中核症状であるが，「周辺症状」であるBPSDへの対応も大切である。デイケアの有効性が実証されている。

　道具的な日常生活技能（iADL）が落ちないようにリハビリテーションで支援していく。その際，認知症患者はプライドが傷つくと不安定になることがあるので，"人生の先輩"ということを意識し，自尊心を傷つけないような対応が必要になる。

B．レビー小体病

　レビー小体病は**レビー小体型認知症**（dementia with Lewy bodies：DLB）とも呼ばれる。アルツハイマー病とは違うタイプの認知症である。レビー小体という物質が大脳皮質，扁桃体，黒質などに広汎に出現する。徐々に認知症が進行していき，パーキンソン症状（手がうまく動かない，手が震えるなどの運動症状）が出現してくる。

　レビー小体型認知症の特徴は生々しい幻視である。また，レム睡眠時の行動異常があり，寝ぼけや寝言，夢遊病のような行動が起こる。さらに，人物誤認兆候といって，人の顔がわからなくなってしまうことが起こる。このような状態が「レビー小体病を伴う認知症（DSM-5）」あるいはレビー小体型認知症である。

i）レビー小体型認知症の経過

前期，中期，後期と3分類することが多い。前期は便秘，レム睡眠行動障害，うつ状態，自律神経症状（起立性低血圧，心電図異常）が出現する。

中期になると幻視，錯視（パレイドリア），人物誤認，姿勢障害，失神による転倒などが目立つようになり，後期ではBPSDの悪化が生じる。

ii）レビー小体型認知症の治療

コリンエステラーゼ阻害剤のドネペジルをアルツハイマー病と同じように使用する。

C. 前頭側頭型認知症

前頭側頭型認知症（major frontotemporal neurocognitive disorder）は前頭側頭葉変性症（frontotemporal lobar degeneration：FTLD）と同義であり，前頭葉と側頭葉に神経変性がある疾患の総称である。人格変化，逸脱行動など前頭葉症状と失語症状が主な症状である。DSM-IVまではピック病と呼ばれていたが，この領域の研究進歩により診断基準や分類が大きく変化した。中でも「行動障害型」と「言語障害型」に二大別されたのが大きな変化である。

前頭側頭型認知症のDSM-5の診断基準の要点は以下の通りである。

DSM-5における前頭側頭型認知症の診断基準

A．認知症または軽度認知障害の基準を満たす。
B．その障害は潜行性に発症し緩徐に進行する。
C．（1）または（2）
（1）行動障害型
（2）言語障害型
  （a）発話量，喚語，呼称，文法，または語理解の課題における，言語能力の著名な低下
D．学習および記憶および知覚運動機能が比較的保たれている。（注）
E．他の疾患ではうまく説明されない。

（出典：日本精神神経学会（日本語版用語監修），髙橋三郎・大野裕（監訳）：DSM-5 精神疾患の診断・統計マニュアル. p606, 医学書院, 2014.)

注：道に迷って帰れないというようなことはない。

Bの「潜行性」の言語はincidiousであり，「知らぬ間に進行する」という意味である。脳細胞が徐々に変質する変性疾患であることを意味する。

上記診断基準における「**(1) 行動障害型**」の特徴を以下にあげる。

（a）以下の行動症状のうち3つ以上
Ⅰ．脱抑制
Ⅱ．アパシー
Ⅲ．思いやり・共感の欠如
Ⅳ．保続的，常同的，強迫的，儀式的行動
Ⅴ．口唇傾向，食行動の変化
（b）社会的認知および／または実行能力の低下

（出典：日本精神神経学会（日本語版用語監修），髙橋三郎・大野裕（監訳）：DSM-5 精神疾患の診断・統計マニュアル．p606，医学書院，2014.）

「脱抑制」とは抑制（自分の感情や行動を社会的状況に合わせて抑えるように調整すること）が効かなくなり，喧嘩っ早くなったり性的な逸脱行為が生じる。「アパシー」とは無気力で何もやらなくなる状態である。「思いやり・共感の欠如」は本人が元々はもっていた思いやりの気持ちや共感性が乏しくなることで相手にひどいこと，思った通りのことを言ってしまい傷つけるなどの言動が出現する。口唇傾向とは食物でないものも含めて，なんでも口に入れてしまう行動のことで，さらに乱暴に食べる，食事の嗜好が変わるなどの食行動の変化もみられる。

「（b）社会的認知および／または実行能力の低下」とは自分の家族や友達の区別がつかなくなったり，介護者の顔がわからなくなったり，身の回りのことができなくなってしまうなどをいう。

前頭側頭型認知症で，行動障害型の人は，気軽に人を叩いたり，人の物を盗ったり，食事中に急に人のものを食べたりと，性格の変化が激しい。もともと立派な人が社会的な逸脱行為が目立つようになる。アパシーまたは無気力は初発症状としても重要である。アパシーは興味や意欲の喪失で，自発性が乏しくものぐさになる。思いやりや共感の欠如も特徴である。アルツハイマー病では思いやりや共感は比較的保たれているので鑑別にも重要である。神経心理学的な特徴として，実行機能は強く障害されるのに記憶や視空間機

能は比較的保たれる。

上記診断基準における「**(2) 言語障害型**」の特徴は以下の通りである。

（a）発話量，喚語，呼称，文法，または語理解の課題における，言語
　　能力の著名な低下

（出典：日本精神神経学会（日本語版用語監修），髙橋三郎・大野裕（監訳）：DSM-5 精神疾患の診断・統計マニュアル．p606，医学書院，2014.）

言語障害型は，日常生活の障害の要因が言葉の障害であることが前面に出てくるタイプである。失語が初期の明らかなサインである。発話量や喚語（物を見て，「これは指です」「時計です」など，言葉を思い出すこと），呼称，文法，または言語理解の課題における，言語能力の著名な低下がありコミュニケーション能力が低下する。

なおDSM-5では「確実な前頭側頭型認知症[3]」と「疑いのある前頭側頭型認知症」に分類する。「疑いのある前頭側頭型認知症」は「確実な前頭側頭型認知症以外の場合」を指す。

確実な前頭側頭型認知症は，以下のどちらかを満たしたときに診断される。

（1）家族歴または遺伝子検査から，前頭側頭型認知症の原因となる遺
　　伝子変異の証拠がある。
（2）神経画像による前頭葉および／または側頭葉が突出して関与して
　　いるという証拠がある。

（出典：日本精神神経学会（日本語版用語監修），髙橋三郎・大野裕（監訳）：DSM-5 精神疾患の診断・統計マニュアル．p606，医学書院，2014.）

つまり，遺伝子変異と神経画像の特徴が本障害では特に重視されていることがわかる。

なお，行動障害型と言語障害型の両方の特徴をもつ場合も多い。病巣によって以下のような特徴がある。

3　前頭側頭型認知症と前頭側頭型認知障害は，同じ意味で翻訳が違うだけである。

・前頭葉眼窩面：性格変化，行動異常
・内側前頭葉：アパシー（無気力になる）
・側頭葉シルビウス裂：非流暢性失語
　症状の特徴を以下に挙げる。
・言語機能障害：失語，反響言語，滞続言語（常同的な言葉の繰り返し）
・食行動異常：同じ料理ばかり作るなど
・常同行動（周徊）：一定の時間に「繰り返しの散歩」わりと道は覚えている
・被影響性の亢進：目に見える看板を読み上げたりする
・注意転動性の亢進（注意がどんどん移りやすい）
・記憶，日常生活動作，視空間能力（場所を覚えたり），道具的機能は障害されにくい

D. 血管性認知症

　脳血管性認知症は脳の血管の梗塞（脳の血管が詰まった状態）や，出血によって神経細胞が障害され，その結果，認知症を来した疾患である。梗塞によって脳に行く血管が詰まってしまうため，脳の細胞が死んでしまい脳機能が低下する。脳細胞は血液から酸素や養分をとって機能を維持しているからである。

　出血は，血管の外に血液が漏れている状態である。脳細胞は血液に弱く，血液に触れるとそこの部分の細胞が障害されてしまう。このような機序で認知症を来した疾患を脳血管性認知症という。

　従来，脳血管性認知症とアルツハイマー病は異なる疾患といわれてきたが，近年，実は少し共通の部分があるということがわかってきている。アルツハイマー病と脳血管性認知症が合併することもある。アルツハイマー病の人が，さらに高齢になり脳血管性認知症になることも当然ある。

　脳血管性認知症の特徴の要点は以下の通りである。血管は脳全体に分布しているので，どの血管が障害されたかにより症状は異なる。血管性の特徴として，認知機能障害の発症は脳卒中（脳梗塞や脳出血）の発作と時間的に関連していることが挙げられる。実行機能障害や注意障害が主症状であり，記憶障害は必発ではない。非均一な高次脳機能障害が出現する。このような症状は梗塞を起こした部位によって，特定の能力が障害され他の領域の能力は保たれるため「まだら認知症」とも呼ばれる。知的能力の低下や記憶障害が

あっても，病識や判断力は比較的保たれている。局所脳機能障害として，梗塞の部位によって，運動麻痺，構音・嚥下障害，病的泣き笑い，脳血管性パーキンソン症候群などを伴いやすい。

皮質下性脳血管性認知症

皮質下性脳血管性認知症とは，大脳皮質ではなく白質や大脳基底核の部分にさまざまな障害が起きる認知症である。特に皮質下の白質に梗塞や軟化などの多発性の病変が起こる。

皮質下性脳血管性認知症は，**多発ラクナ状態**と**ビンスワンガー型脳症**の2つに分類される。ラクナ梗塞とは，脳の深い部分を流れている細い血管が詰まることで起こる脳梗塞のことである。部位によっては症状を起こさないこともある。軽微な神経症状が認められるが，無症候のことも多い。ラクナとは「小さな空洞」という意味であり，血管が詰まる部位によって症状はさまざまである。

ビンスワンガー型脳症は進行性皮質下性脳症ともいい，進行性で皮質下の白質（脳の神経繊維が通っている部分）に病変が生じることが基本的特徴である。白質が障害されると，主として実行機能障害が起こる。

11.3節 ‖ 4大認知症以外の認知症

4大認知症以外にもさまざまな認知症がある。以下に認知症の原因になる重要な疾患について要点を記載する。

A. プリオン病

プリオン病とは，狂牛病と同様の人畜共通感染症である。プリオンタンパクに病原性がある。プリオン病の中でも有名なのはクロイツフェルトヤコブ病である。亜急性に進行する認知症とミオクローヌス（筋肉のけいれん）があるのが特徴である。

B. HIV感染症

ヒト免疫不全ウイルス（HIV）感染によって生じる。エイズウイルスは脳に親和性があるウイルスである。認知症に加えてうつ症状が出現しやすい。前頭葉機能の低下や歩行困難が出現しやすい。

C. 進行麻痺

　進行麻痺は，梅毒スピロヘータによる中枢神経疾患であり，梅毒感染者の約5%にみられる。この病気の怖いところは，感染からすぐにではなく，10年から20年を経て発症することである。

　症状としては，抑制欠如，衝動行為，無関心，人格変化が起こる。梅毒スピロヘータは早期発見すれば抗生物質によって治療可能であるが，見逃されやすく，適切に治療しないと死に至る。

　梅毒というと昔の病気と思われがちだが，東京都のデータでは，2020年の感染者数で男性1125人，女性453人で，合わせると1600人ほどにわたり，決してまれな疾患ではない（東京都感染症情報センター，2021）。梅毒の患者は若年層が多く，特に20代は女性の方が多い。認知症と思われている患者の中に梅毒が原因である可能性がある。

D. 正常圧水頭症

　正常圧水頭症は脳外科の病気である。歩行障害，認知症，尿失禁が3大症状である。最初に出現するのが歩行障害であり，うまく歩けない，左右に足を大きく広げ，小刻みな歩き方をするという特徴がある。この3つの兆候があると，正常圧水頭症を疑う。

　髄液の排出がうまく行かないために髄液が過剰に貯留し，脳室が膨らみ，神経細胞のある部分がどんどん圧迫されていることにより認知症になる。

　治療はシャント手術を行う。シャントとは日本語で「短絡」を意味する。シャント手術とは余計な脳脊髄液が体内の別の場所に流れるよう，チューブでつなぐ手術で，たまりすぎた髄液を排出することで症状の改善を図る。脳室と腹腔の中をシャントする，あるいは脳室から心房にシャントする，腰椎から腹腔にシャントするという方法がある。いずれも髄液の排出経路を作り，脳にかかる圧力を減らすことを目的とする。

E. ハンチントン病

　染色体優性遺伝の疾患で舞踏様不随意運動が特徴である。これはダンスをしているような不随意運動であり，体が勝手に動いてしまう。さらに性格の変化と認知症が生じる。通常30代から40代で発症するが，根本的な治療法はなく，運動症状，認知機能低下，性格変化，幻覚妄想などの精神症状が進行する。

第４染色体の短腕上にあるIT15遺伝子にCAG（DNAの塩基のこと）リピートが40個以上の過剰伸張があれば診断が確定する。親から子へは50％の確率で遺伝子異常が受け継がれる。将来，ハンチントン病になる可能性のある人にどのように診断を伝えるかが議論されており，遺伝カウンセリングがなされることもある。

F. 慢性硬膜下血腫

軽微な頭部外傷によって血管が切れ，脳に血がたまっていき，脳がだんだん圧迫されることにより認知症に似た症状が出現する。ゆっくりと進行するため，外傷から3週間〜数ヶ月以内に発症し，50歳以上の男性に多い。外傷時の記憶を憶えていない人も多く，軽い怪我でも発症することがあるので，注意が必要である。

症状としては，頭痛，片麻痺（歩行障害，上肢の脱力），記銘力の低下，意欲の減退，見当識障害，認知症の精神症状が徐々に進行していく。

慢性硬膜下血腫は早期発見すれば脳外科で手術による治癒が可能である。一見認知症のように見えるため，見逃さないことが大事である。

G. うつ病性仮性認知症と認知症（アルツハイマー病）の鑑別ポイント

老人のうつ病が一見認知症に見える場合を**うつ病性仮性認知症**という。アルツハイマー病との鑑別が重要である。アルツハイマー病だと物忘れの自覚は少ないが，仮性認知症では自覚はある。反応速度に関しては，仮性認知症はうつのため緩徐であるが，アルツハイマー病は障害されていない。質問に対する態度は，仮性認知症では，「わからない」と答えるが，アルツハイマー病だと，取り繕いを行い「わからない」と言えないことが特徴である。見当識については仮性認知症では正常で，アルツハイマー病では障害されていることが多い。記憶の機能は，仮性認知症はさまざまな記憶が同等に障害される。アルツハイマー病では，遅延再生（後になって思い出すこと）が障害される。再認は，仮性認知症は障害されないが，アルツハイマー病では障害される。描画の構成は，仮性認知症では，不完全で，エネルギーがない描画であることがある。アルツハイマー病では本質的に障害されている。失語・失行・失認は，仮性認知症では出現しないが，アルツハイマー病では進行する。仮性認知症ではうつ病に特徴的な貧困・罪業・心気妄想が出現することがあるが，アルツハイマー病では物盗られ妄想が多い。

せん妄（delirium）は注意障害と意識障害により環境に対する見当識の低下がある状態である。前述のように，せん妄は疾患名ではなく病態であることに注意する。これは今自分がどこにいるか，今日は何日かなどの時間と場所を明確に理解できなくなることであり，患者に「ここはどこですか？」と聞いても答えられなくなる。さらにあることに注目した後に，別のものに注目するように注意の視点を変えるが難しくなる。このような障害が短期間のうちに出現し，元の水準から変化し，日内変動（一日のうちで時間帯によって状態が変わること）する傾向がある。このように，せん妄という状態は急速に変わるのが特徴であり，同じ状態が継続する場合はせん妄とはいわない。例えば，さっきまでしっかりしていたのに，急におかしなことを言っているというような場合はせん妄の可能性がある。

せん妄状態では記憶や言葉の障害，視空間認知の問題，全体の知覚（形や大きさの判断の障害など）などが混乱するなどの障害も生じる。

せん妄発症のメカニズムは1つでなく多様であるが，神経伝達物質のアンバランスなどが想定されている。せん妄は生理学的問題から生じる。この意味は，狭義の精神的・心理問題ではなく薬物（向精神薬もしばしば原因になる）や身体的状態などの生物学的問題が関与していることを意味する。また，せん妄というと「暴れる」というイメージが一般の人には強いが，注意力低下や動作緩慢，意識晴明度の低下などが目立ち，うつ病と紛らわしい体活動型のせん妄もあることに注意すべきである。

A. 心理職による初回面接の進め方

心理職は，医療機関では予診と神経心理学的検査を担当することが多いだろうから本章では心理職の役割についてやや詳しく記載する。認知症以外が対象でも応用が可能である。

認知症などが疑われる場合の情報収集の方法を知っておくことは大切である。まず，本人・家族から主訴，受診理由を聞く。発症時期を推定する。「いつ頃から物忘れの症状が始まりましたか」「いつ頃から物を盗られたと言い出しましたか」などと家族に聞いていき，慢性の経過であることを確かめ

る。もし急性や亜急性であったら，何らかの医学的な介入をしなくてはいけないことが多い。医師は脳炎や硬膜下血腫を疑えば，必要な検査を行い，薬物療法や手術をプランする。

　臨床経過についても「どのような症状が出てきましたか」などと聞く。認知症の初期症状が記憶障害とは限らない。便秘や，匂いがわからないことが初発症状ということもある。このように，いつ頃からどんな症状が始まって，どのように進行してきたかを聞いていく。このように問診をするためには，医学的な知識を事前にもっていて「聞き出す」必要がある。医学的な問診は傾聴とは本質的に異なることに注意する。

　認知症では生活能力の低下が主症状であるから，日常生活がどのぐらいできるかも確認する。記憶障害もほぼ必発であるため，もの忘れの頻度や内容についても聞き出す。例えば道に迷うタイプと道に迷わないタイプの認知症がある。

　BPSD，精神症状・行動症状については，暴言・暴力，徘徊・行方不明，妄想について聞いていく。初診の場合は短時間で実施可能なスクリーニングテストを行う場合が多い。その後で認知症の疑いがあれば本格的な神経心理学的検査を依頼するという流れになる。

B. 神経心理学的検査

　日本でよく使われるスクリーニング検査には下記がある。

・**MMSE**（Mini Mental State Examination：ミニメンタルステート検査）
・改訂長谷川式簡易知能評価スケール（Hasegawa Dementia Scale-Revised：**HDS-R**）
・Montreal Cognitive Assessment日本語版（**MoCA-J**）。

　MoCAは視空間認知や遂行機能などを測定しMCIをスクリーニングする検査である。その後，より詳細な検査をする際は，例えばWAIS-IVやWMS-R（Wechsler Memory Scale-Revised）などで全般的な知的機能や記憶について評価したり，失語症や失認を評価する高次脳機能障害の検査を実施する。必要な検査を組み合わせて，患者がどういうところで困っているかを評価し，支援方針の参考にする。

　成年後見制度を利用する際に医師が作成する診断書や鑑定書では，心理検査の所見が重要になる。

C. 早期対応

　早期診断・早期対応が叫ばれているため，MCIへの一次予防として，なるべく脳への認知刺激を行うことが求められる。回想法という，昔の出来事を思い出す方法が盛んに行われている。また，運動療法や音楽療法のような療法に心理職が関わることも多い。認知症者は今までできていたことができなくなるのが特徴であるから，本人は不安や不全感に苛まされている。古い過去のことは覚えているが，最近のことは忘れやすく混乱の中にいることを理解し穏やかに接していくことが大切である。BPSDの生じる理由を検討し，接し方や環境の改変を行うことも心理職の役割である。

Column 行為と失行

　精神医学の専門書を読む時には「行為」のような一般用語でも，特別の意味で使われることがある。精神医学，特に神経心理学の文脈で使用する「行為」とは，くり返し学習することによって獲得したスムーズに行える目的をもったまとまった動きのことである。歯磨きをしたり，着替えるのも行為である。行為を意図的に行うことが困難になる現象を失行という。失行の「行」は「行為」の「行」である。自然な状況では同じ行為を行うことができるが，指示されるとできないのが特徴で，意図性と自動性の乖離と呼ばれる。実際に診察場面で患者にやってもらわないと失行の有無はわからない。

　観念運動性失行は，社会的慣習性の高いサヨナラやバイバイなどの頭の中にある運動を実際に行為として実行できない状態である。「おいでおいで」などのジェスチャーや，歯ブラシを持たずに歯を磨くパントマイムなどをしてもらう。観念性失行は道具を使用する行為の障害で，ハサミを使う，櫛を使うなどを実際に行ってもらう。観念運動性失行，観念性失行は左頭頂葉を中心とした病巣で出現する（福武, 2021）。

問1　Alzheimer型認知症について，最も適切なものを1つ選べ。

（令和2年度　第3回公認心理師試験　問22）

①うつ症状が起こる。　　　　　②見当識は保持される。

③近時記憶障害は目立たない。　④具体的な幻視が繰り返し出現する。

⑤注意や明晰さの著明な変化を伴う認知の変動がみられる。

問2　せん妄の発症のリスク因子でないものを1つ選べ。

（平成30年度　第1回公認心理師試験　問33）

①女性　　　②疼痛　　　③感染症　　　④睡眠障害　　　⑤低酸素症

参考文献

福武 敏, 認知症診断のための神経所見のとり方（No.11）失行. 老年精神医学雑誌, 2021. 32 (1): p.111-119.

日本精神神経学会. 日本精神神経学会認知症診療医テキスト. 新興医学出版社. p179. 2019

東京都感染症情報センター. 梅毒の流行状況. 2021
　　http://idsc.tokyo-eiken.go.jp/diseases/syphilis/syphilis/

第12章 パーソナリティ障害群

12.1節 | パーソナリティ障害

　パーソナリティ障害（personality disorder）を定義するのは難しい。パーソナリティ障害の概念の始まりは「精神病質」である。シュナイダー（K. Schneider）という100年ほど前のドイツの精神科医は「精神病質」という疾患概念を提唱し、「平均からの変異や逸脱、その異常さのゆえに自らが悩むか、社会が苦しむ異常な人格」と定義した（シュナイダー，2014）。ICD-10（1992）では「社会的状況に対する個人の柔軟性を欠く広範な反応」と定義された。

　DSM-5におけるパーソナリティ障害の全般的診断基準の要点は、以下の6点である。

DSM-5におけるパーソナリティ障害の全般的診断基準

> A．その人の属する文化から期待されるより著しく偏った内的体験および行動の持続的様式。以下の2つ以上の領域で現れる。
> 　（1）認知　（2）感情　（3）対人関係機能　（4）衝動の制御
> B．その持続的様式には柔軟性がなく、個人的および社会的状況の広範囲におよぶ。
> C．臨床的に明らかな苦痛、社会的、職業的場面などで機能障害を引き起こしている。
> D．長期間安定して持続しており、その始まりは少なくとも思春期や早期青年期まで遡ることができる。
> E．他の精神疾患の表れや結果では説明されない。
> F．薬物や一般身体疾患によるものではない。
>
> （出典：日本精神神経学会（日本語版用語監修），髙橋三郎・大野裕（監訳）：DSM-5 精神疾患の診断・統計マニュアル．p636-637, 医学書院，2014.）

　パーソナリティ障害の基本的な特徴は、認知と行動特性の著しい偏りであ

る。認知とは，その人の物事の捉え方のことである[1]。人は皆同じように物事を捉えているわけではなく，同じものを見ても，違ったように捉えている。例えば，それほど親しくない人に褒められた時に，素直に喜ぶか，何か下心があると疑って警戒するかは，人によっても状況によっても違う。警戒する人を見て「慎重」とポジティブに評価することもあれば，猜疑心が強いとネガティブに評価することもあるだろう。こういった物事の捉え方や思考や行動のくせのようなものをパーソナリティと呼ぶ。このようなくせは誰にでもあるが，「その人の属している文化」から期待されるより著しく偏っている場合は，周囲との軋轢が増え，自分自身も苦悩することになる。そのような場合にパーソナリティ障害と呼ぶ。他の精神疾患の表れや結果では説明されない。例えばパーソナリティ障害の一種である回避性パーソナリティ障害は，人づきあいを回避する特徴がある。しかし，統合失調症の人も重症になってくると，人づきあいを回避する。このように，統合失調症の症状という理由で人づきあいを回避する場合は，統合失調症という診断があるので，パーソナリティ障害とは診断しない。パーソナリティ障害と統合失調症の症状があれば統合失調症の診断を優先するのが，精神医学の作法である。

　同様に，その人のパーソナリティの特徴に見えること（非常に怒りっぽい）が薬の影響や体の病気の影響を受けているのであれば，パーソナリティの問題ではないためパーソナリティ障害とは診断しない。

　パーソナリティ障害について「人格障害」という訳語を用いていたこともある。しかし，「人格が障害されている」「悪い人格」「人格は治らない」などといったように解される可能性があり，より中立的な用語であるパーソナリティ障害を用いることになっている。日本語で「あの人は人格者」という場合には，優れた人格の持ち主であるという意味であるが，「あの人はパーソナリティ者」であるといった言い方が意味をもたないので，より中立的である。

　パーソナリティ障害にはさまざまなタイプがあるが，DSM-5では大きく3のクラスター（群）に分ける。**奇妙で風変わりな群（A群），演技的・感情的で移り気な群（B群），不安，恐怖が強い群（C群）**の3群である。

1　「認知」という用語を精神医学・臨床心理学で使用する際には文脈によって意味が大きく異なるので注意が必要である。パーソナリティ障害でいう認知は「物事の見方」と大雑把に捉えてよい。発達障害，認知症，認知療法などで認知の用語を用いるが，それぞれ意味が異なる。

表12.1 パーソナリティ障害A～C群

A群クラスター 奇妙で風変わり	猜疑性パーソナリティ障害／妄想性パーソナリティ障害 Paranoid Personality Disorder	他者の言動を悪意あるものとして解釈する 十分な根拠なしに他人が自分を利用すると思う
	シゾイドパーソナリティ障害／スキゾイドパーソナリティ障害 Schizoid Personality Disorder	他者と親密な関係を保とうとしない 性体験への興味がないか乏しい 他者に無関心
	統合失調型パーソナリティ障害 Schizotypal Personality Disorder	親密な関係では強い不快感や能力が低下するような社会的・対人関係能力の不足が常にある 奇異な信念やテレパシーなどの魔術的思考がある
B群クラスター 演技的, 情緒的, 移り気	反社会性パーソナリティ障害 Antisocial Personality Disorder	他者の権利を無視したり, 侵害する
	境界性パーソナリティ障害 Borderline Personality Disorder	対人関係やセルフイメージ, 感情がいつも不安定で, 衝動的
	演技性パーソナリティ障害 Histrionic Personality Disorder	過度に情緒的で, 他人の注意を引こうとする
	自己愛性パーソナリティ障害 Narcissistic Personality Disorder	空想や行動で誇大的で, 称賛を求める, 共感性が乏しい
C群クラスター	回避性パーソナリティ障害 Avoidant Personality Disorder	社会から引きこもる, 不全感, 否定的な評価に過敏
	依存性パーソナリティ障害 Dependent Personality Disorder	他者に面倒を見てほしいと強く望む, そのため他者に従順だったりしがみついたり, 別れを恐怖する
	強迫性パーソナリティ障害 Obsessive-Compulsive Personality Disorder	秩序, 完全さ, メンタルにも対人関係でもコントロールすることにとらわれる。そのため, 柔軟性や気持ちを開放すること, 効率が犠牲になる
他の医学的疾患によるパーソナリティ変化	脳腫瘍や頭部外傷, 脳血管疾患, ハンチントン病, 脳炎後遺症, 内分泌疾患, 自己免疫疾患などによって, パーソナリティの変化が起きる場合の診断	

　A群は統合失調症との関連があり，奇矯にみえる言動が特徴のパーソナリティ障害である。歴史的にはドイツの精神科医クレッチマーがスキゾイド（分裂病質）という概念を提出したことに始まる。クレッチマーは人間の気質を3つに分けて議論した。その1つがスキゾイドである。schizoid（ドイツ語）はschizopherie（統合失調症，以前は精神分裂病と訳していた）に由来する。

　schizoid（分裂）気質の特徴は非社交的，敏感，冷淡，共感性の乏しさなどであり，統合失調症の症状の一部と似ている。似ているが，統合失調症のような幻覚や妄想はない。統合失調症の病前性格や発病後の人格変化と連続性があり，対人関係よりも自然や読書に関心が強い。

　DSM-5では猜疑性（妄想性）パーソナリティ障害，シゾイドパーソナリティ障害，統合失調型パーソナリティ障害の3つに分類された。

A. 猜疑性（妄想性）パーソナリティ障害（paranoid personality disorder）

　不信感，猜疑心をもち，他者の言動を悪意あるものとして解釈することが基本特徴である。例えば，充分な根拠がないにもかかわらず，他人が自分を利用しているのではないかと感じてしまう。自らの正当性を主張して，周囲と摩擦を起こすこともある。男性に多くみられるパーソナリティ障害である。

B. シゾイドパーソナリティ障害／スキゾイドパーソナリティ障害（schizoid personality disorder）

　統合失調症の病前性格や発病素因との関連が想定されて成立した。DSM-5ではシゾイドパーソナリティ障害／スキゾイドパーソナリティ障害とスラッシュで2つの訳語が掲載されているが，どちらを使用してもよい。シゾイドはドイツ語読み，スキゾイドは英語読みである。基本的な特徴は社会的関係からの離脱と対人関係場面での情動表現の乏しいことで，特定の状況ではなく，色々な場面でみられ，成人期早期までに特徴が明らかになる。親密な関係をもちたいと思わず，楽しいと思わない。孤立した行動をとり，性体験に対する興味が乏しい。親しい友人，信頼できる友人が少ない，称賛や批判に対する無関心，周囲に冷淡な印象を与える。以下のうちの4つ，あ

るいはそれ以上によって示される。

DSM-5におけるシゾイドパーソナリティ障害の診断基準

①親密な関係をもちたいと思わない，楽しまない
②孤立した行動
③性体験に対する興味の欠如
④喜びを感じられるような活動の欠如
⑤親しい友人，信頼できる友人の欠如
⑥賞賛や批判に対する無関心
⑦情動的冷淡さ

（出典：日本精神神経学会（日本語版用語監修），髙橋三郎・大野裕（監訳）：DSM-5 精神疾患の診断・統計マニュアル．p643，医学書院，2014．）

C．統合失調型パーソナリティ障害（schizotypal personality disorder）

　統合失調症の遺伝素因と関連するパーソナリティ障害としてDSM-IIIから採用された概念である。統合失調症の親をもつ子どもたちに，発病には至らぬものの軽度の思考障害や対人関係の問題を示す集団があり，そのような場合に統合失調スペクトラムと命名した。その一部が統合失調型パーソナリティ障害である。統合失調型パーソナリティ障害は，奇妙で普通でない行動や思考が特徴である。親密な関係を作る能力が乏しく，そのような状況では深刻な不快感が生じる。認知的・知覚的歪曲をする。「認知的歪曲」とは偶然起こったような出来事（例：誰かが散歩している）に対して間違った解釈や思い込み（自分がそのように仕向けたと考える）をすること，「知覚的歪曲」とは，ちょっとした雑音を聞いて，誰かがそばにいるように感じることなどを指す。関係念慮，奇異な思考，魔術的思考（迷信や超常現象を信じる），妄想様観念，普通でない知覚体験（例：誰もいないのに誰かがいるように感じる，霊の存在を感じる），身体的錯覚，疑い深さ，不適切な・収縮した感情（他者との関係で，わざとらしかったり，場面と合わなかったり，打ち解けない），親しい友人がいない，過剰な社交不安などが特徴である。

B群は対人関係でトラブルを起こしやすい人たちである。DSM-5では，反社会性パーソナリティ障害，境界性パーソナリティ障害，演技性パーソナリティ障害，自己愛性パーソナリティ障害の4つに分類された。

A. 反社会性パーソナリティ障害（antisocial personality disorder）

他人の権利を無視し侵害することが基本的特徴である。年齢の設定があり，15歳以降に生じていること，診断をするためには18歳以上であることが必要である。違法行為を繰り返し行う，繰り返し嘘をつく，人を操作するなどの言動が目立ち，さらに衝動性，将来の計画をたてない，攻撃性，無責任，他人を傷つけたり虐めたり，他人の物を盗んだりすることに対して良心の呵責がないなどの特徴がある。

診断のためには15歳以前にいわゆる問題行動を頻繁に繰り返す，**素行症**（conduct disorder）の症状があることが必要である。統合失調症や双極性障害でも反社会的な行為を行うことがあるが，これはその障害の症状によって出現し，症状が改善されれば反社会的行為もなくなるのでパーソナリティの問題ではないために反社会的パーソナリティ障害とは診断せず，統合失調症や双極性障害の診断と治療が優先される。

この障害はサイコパス，精神病質，社会病質とよばれることがある。

素行症は小児期から青年期に明らかになる障害で，DSM-5では「パーソナリティ障害群」ではなく「秩序破壊型・衝動制御・素行症群」に分類される。しかし，反社会性パーソナリティ障害と密接につながっている障害である。年齢に応じて要求される社会的規範や規則を守らないのが特徴で，人や動物への攻撃性，所有物の破壊，嘘をつくこと，盗むこと，重大な規則違反などの反社会的行動が成人になっても続く。

秩序破壊的・衝動制御・素行症候群

秩序破壊的・衝動制御・素行症候群は感情や行動のコントロールに問題があるために臨床的な関与が必要になる障害群である。反抗挑発症／反抗挑戦性障害，間欠爆発症／間欠性爆発性障害，素行症／素行障害，反社会性パーソナリティ障害（上述），放火症，窃盗症に大別される。それぞれの要点は

以下の通りである。

・反抗挑発症／反抗挑戦性障害：怒りっぽくイライラした気分，口論，挑発的な行動や執念深さなどが継続する。
・間欠爆発症／間欠性爆発性障害：激しいかんしゃくや攻撃性などが反復して爆発的に出現することが特徴である。
・素行症／素行障害：人や動物への攻撃，破壊，他人をだます，盗みなどの反社会的行動が継続して出現する。他者の基本的人権や法律などの社会的規範を侵害する状態が反復して継続することが本質的な障害特性である。
・放火症：放火を意図的に行うことが2回以上あり，放火した時の快感が忘れられない状態。
・窃盗症：金銭目的でも自分で使用するわけでもないのに窃盗を繰り返す状態。

B. 境界性パーソナリティ障害（borderline personality disorder）

「境界」とは，もともと統合失調症と神経症の「境界」にあるという見方がされたことに由来する。基本的な特徴は不安定な対人関係であり，感情的・衝動的になりやすい。自己像も不安定であり，見捨てられることを恐れる。例えば，友人や恋人のメールの返事がないと，絶望したり，相手に強い怒りを感じたりする。人は誰でも長所も短所もあるし，友人関係において多少は嘘をついたり狡いことをするものだが，そういう一般的な事態に耐えられず，相手を極端に理想化したり，こき下ろしたりする。相手に見捨てられることを避けるためにリストカットや過量服薬をすることもある。異性関係，同性関係，家族関係も不安定で，依存的であったり拒絶的であったりを繰り返すので周囲の人は疲弊しやすく，良好な対人関係を継続することは難しい。

自己同一性は確立されにくく，自己像（セルフイメージ，自我意識）も不安定であり，人生の目標，職業，性の意識，価値観が突然，劇的に変わったりする。自己像は自分がダメで悪い存在であるという認識に基づいていて，生きていてもしょうがないと感じることもある。浪費，無防備な性行為，物質乱用，無謀な運転，過食，ギャンブルなどの自分を傷つける行為を行う。自殺行動や自殺のそぶり，脅かし（〜〜してくれないと死ぬなど），リストカットなどの自傷行為の反復も多いが，8〜10％の人は実際に自殺してしまうので注意が必要である。感情が不安定であり，不快気分，イライラ，不

安，絶望感などが生じる。慢性的な空虚感に苛まされており，自分の怒りを制御できず，他者に怒りをぶつける。

　有病率は一般人口においては1.6％，精神科外来で10％といわれる。女性に多く，全体の75％である。

　診断基準の要点は，対人関係，自己像，感情などの不安定性，および著しい衝動性の広範な様式である。若いうちに始まって，さまざまな状況で明らかになる。DSM-5によると，以下のうち5つ以上によって示される。

DSM-5における境界性パーソナリティ障害の診断基準

①見捨てられることを避けようとするなりふり構わない努力
②不安定で激しい対人関係
③同一性の混乱
④自己を傷つける可能性のある衝動性で，少なくとも2つの領域にわたるもの（例：浪費，性行為，物質乱用，無謀な運転，過食）
⑤自殺行動，そぶり，脅かし，自傷行為の反復
⑥感情の不安定性
⑦慢性的な空虚感
⑧不適切で激しい怒り，怒りの制御困難

（出典：日本精神神経学会（日本語版用語監修），髙橋三郎・大野裕（監訳）：DSM-5 精神疾患の診断・統計マニュアル．p654，医学書院，2014.）

C. 演技性パーソナリティ障害（histrionic personality disorder）

　"histrionic"を英英辞典で引くとmelodramaticが同義語として挙げられている。メロドラマの主人公のように振る舞う人がイメージに近い。いつも過度に情緒的であることと，他者の注意をひきつけようとするのが，この障害の特徴である。自分が注目の的でないと満足できず，自分が認められていないと感じる。

　注目の的になるためには多少の嘘をついたり，わざと目立つことをしたり，時には人にこびをうったり誘惑する行動もする。化粧やファッション，身体的外見には気を使い，過剰な時間とお金をかける。芝居がかった態度をとり，暗示にかかりやすく，実際以上に対人関係を親しいものとして認識する。一，二度会っただけだったり，数回メールを交換しただけで親友と思いこんだり

する。

D. 自己愛性パーソナリティ障害（narcissistic personality disorder）

narcissisticとは「自分自身を過剰に愛する」という意味であり，自分が一番大切であるから，他者の存在価値は自分を賞賛するかどうかで判断される。誇大的で特権意識が強く，いつも他者から賞賛されることを望み，一方では自尊心が非常に傷つきやすく，他者への共感が乏しい。

自分が重要であると思っているので自分の業績や才能を誇張する。自分が注目を浴びたい気持ちが基本であり，自分自身が自分のことを重要だと思っている。「ひけらかす」言動が多く自分の業績とか才能を誇張する。客観的には十分な業績がなくても，自分が優秀であると他者から認識されることを期待する。社会的成功，権力，才能，美しさ，理想の愛に囚われている。自分はVIPであり，自分が付き合うのも特別なVIPだけで，自分が参加するのは特別に優秀な人だけが集まる会だけだと思っている。自分自身の目的を達成するために他人を利用してもよいと考えているので，他人を利用することに罪悪感をもたない。他者には他者の都合や気持ち，プライドがあるということに気づかないか，気づこうとしない。一方，他者の成功には嫉妬する。

12.4節 ┃ C群のパーソナリティ障害

C群は不安や恐怖が特徴である。DSM-5では，回避性パーソナリティ障害，依存性パーソナリティ障害，強迫性パーソナリティ障害の３つに分類された。

A. 回避性パーソナリティ障害（avoidant personality disorder）

対人交流を避けること，自己不全感，否定的評価に対する過敏性が基本的特徴である。好んで人を避けるのではなく他者からの批判や拒絶に対する恐怖のために対人関係を避ける。仕事についても営業や接客などの対人接触が重要な職種や部署を避けるし，自分に好意をもっていると確信できない相手とは交流を避ける。人前で恥をかくことや嘲笑されることの恐怖のために親しい相手といても打ち解けない。自己不全感のために新しい対人関係をもつことを避ける。自己評価が低く劣等感が強い。こういう人は批判を恐れて職

場で昇進を断ったり，難度の高い試験で良い成績を上げないと他者は自分のことを認めないと思ったりする。リスクを冒してまで新しいことに挑戦することはなく，引っ込み思案である。ちょっとした注意も批判と受け取る傾向がある。社会的場面ではなるべく目立たないように振る舞う。

彼らは本心から望んで他者を避けているわけではなく，内心では他者から受容され好かれることを望んでいる。結果的には引きこもりの状態になることもある。

合併しやすい障害には抑うつ障害，双極性障害，社交不安症（社交恐怖）がある。数少ない友人に愛着や依存を示すため，依存性パーソナリティ障害を合併することもある。

B. 依存性パーソナリティ障害（dependent personality disorder）

一人でいることに不安や無力感があり，他者に依存することが基本的な特徴である。他者に依存したいという欲求が強く，そのために他者に従属的になる。他者からの分離不安が強く，他者の意見に反対意見は言えない。自分で責任を取ることに回避的で，他者の保証や他者に責任を取ってもらわないと何事も決められなくなる。自分の判断や能力に自信がないため，一人で計画し，物事を行うことを避ける。他者の支持を得るため不快なことでも自分から進んでやろうとするような迎合性がある。そのため，そそのかされて犯罪の片棒を担がされてしまうということもある。

C. 強迫性パーソナリティ障害（obsessive-compulsive personality disorder）

規則や完全であることを最優先するのが特徴である。細かいリストや規則，順序，組織の構成，スケジュールを最優先する。完璧であることを目指すため，細部に拘泥しかえって課題の達成が難しくなる。規則にこだわり融通がきかない。思い出もなく使い古した価値のないものも捨てられない。たとえ非効率であっても自分のやりかたに固執する通りにしたい。お金の使い方も吝嗇（けち）で頑固であるなどの特徴をもつ。

成人期早期までに始まり，種々の状況で明らかになる。DSM-5によると，以下のうち4つ（またはそれ以上）によって示される。

DSM-5における強迫性パーソナリティ障害の診断基準

①細目，規則，一覧表，順序，構成，または予定表にとらわれる

②課題の達成を妨げるような完全主義を示す

③娯楽や友人関係を犠牲にしてまで仕事と生産性に過剰にのめり込む

④良心的で融通がきかない

⑤使い古した，価値のないものを捨てられない

⑥自分のやりかた通りにしたい

⑦けちなお金の使い方

⑧堅苦しさと頑固さ

（出典：日本精神神経学会（日本語版用語監修），髙橋三郎・大野裕（監訳）：DSM-5 精神疾患の診断・統計マニュアル．p670-671，医学書院，2014.）

12.5節 ┃ パーソナリティ障害の経過と予後

　パーソナリティ障害全体について経過と予後を語るのは難しい。パーソナリティは統合失調症や気分障害のような狭義の「疾患」ではないので基本的には変化しにくい。最も調査が多い境界性パーソナリティ障害については，長期経過の中で回復していく（診断基準を満たさなくなる）ことが多いといわれている。対人関係への働きかけや環境調整によって，安定した生活を目指す。

12.6節 ┃ パーソナリティ障害の治療

　治療に関しては，大きく分けて2つの視点からの支援が行われている。

A. 精神療法

　薬物療法も行われるが，あまり効果が期待できないといわれていることから，精神科領域でも精神療法が中心になってきている。①支持的精神療法，②認知行動療法（CBT），③力動的精神療法，④弁証法的行動療法が主に精神療法の治療として行われている。

　弁証法的行動療法は，アメリカのリネハン（M. Linehan）によってはじめられ，現在盛んに行われている。感情の訓練や対人関係の訓練を行う。

個人精神療法と集団精神療法などを組み合わせて行っていく認知行動療法の一種である。

B. 薬物療法

　統合失調型パーソナリティ障害には抗精神病薬が，境界性パーソナリティ障害でみられる衝動性にはSSRI（選択的セロトニン再取り込み阻害剤）や気分安定薬などが用いられる。合併した抑うつ状態や不安状態に対して対症療法的に行われる。

12.7節 ‖ パーソナリティ障害への心理職の関与

　精神科領域では，境界性パーソナリティ障害の治療や心理アセスメントを医師から求められることが多いだろう。認知行動療法，力動的精神療法や弁証法的行動療法を求められることも少なくない。

　少年院や鑑別所，刑務所などで従事する心理職は，反社会性パーソナリティ障害や子どもの素行障害などのアセスメント（ロールシャッハテストなど）あるいは治療を担当することがある。

　境界性パーソナリティ障害では，くり返されるリストカットや性的な行動化（アクティングアウト）に対する予防や対処が重要になる。

問1　秩序や完全さにとらわれて，柔軟性を欠き，効率性が犠牲にされるという症状を特徴とするパーソナリティ障害として，最も適切なものを1つ選べ。（令和元年度　第2回公認心理師試験　問11）
① 境界性パーソナリティ障害
② 強迫性パーソナリティ障害
③ 猜疑性パーソナリティ障害
④ スキゾイドパーソナリティ障害
⑤ 統合失調型パーソナリティ障害

問2　DSM-5の反社会性パーソナリティ障害の診断基準として，正しいものを1つ選べ。（令和元年度　第2回公認心理師試験　問28）
① 10歳以前に発症した素行症の証拠がある。
② 他人の権利を無視し侵害する広範な様式で，14歳以降に起こっている。
③ 反社会的行為が起こるのは，統合失調症や双極性障害の経過中ではない。
④ 他人の権利を無視し侵害する広範な様式には，「自殺のそぶり，脅し」が含まれる。
⑤ 他人の権利を無視し侵害する広範な様式には，「衝動性，または将来の計画を立てられないこと」が含まれる。

参考文献
シュナイダー, K. 著. 西丸四方訳. 臨床精神病理学序説. みすず書房. 2014

13.1節 | てんかん（epilepsy）とは

　てんかんは非誘発性（または反射性発作）を主徴とした慢性の大脳機能異常からなる疾患である。「非誘発性」とは，特にきっかけ（誘因）がなくても自然に発作が生じることを意味する。「慢性」であることも特徴で，小児期に発症するてんかんの患者が生涯にわたって治療が必要になることも少なくない。原因は「大脳機能の異常」である。これが意味することは，心理的なストレスが直接の原因ではないということである。本来，大脳の神経細胞は規則正しく調和のとれた活動をしており，脳波をとると安定した周期で同期している。脳内で電気活動の激しい乱れが生じ，ニューロンの過剰放電が起きた結果として生じるのが「てんかん発作（seizure）」である[1]。「てんかん」は病名であり，「てんかん発作」は症状である。「てんかん」と「てんかん発作」を区別することが大事である。英語では，てんかんはepilepsy，てんかん発作はepileptic seizureであり，てんかん発作を病名であるepilepsyと呼ぶことはない。日本語では「てんかん」と「てんかん発作」を同じ意味で使うことが多いので，ここではあえて英語も併記している。てんかん（epilepsy）は脳の病気でてんかん発作（seizure）が生じることが定義である。

　てんかん発作の原因は「てんかん」以外にもある。水中毒や薬物中毒などでもてんかん発作は生じるが，この場合は脳以外の疾患が原因である。脳内で過剰放電が起きているが，直接の原因は脳ではなく，電解質（血液中のNa^+，K^+，Cl^-などの濃度）の異常が原因である。

てんかんの2つの概念

　てんかん（epilepsy）には「てんかん症候群」と「特発性てんかん」の2つの概念がある。これも区別して使う。

　高齢者の脳腫瘍や脳血管障害，認知症などの変性疾患も脳の疾患であり，

1　7章で解説した「ヒステリー」ではニューロンの過剰放電が起きていないことが区別できる。

てんかん発作を生じることがあり，このような場合「**てんかん症候群**」あるいは「症候性てんかん」と呼ぶ。その他の原因としては分娩時の頭部外傷，先天性代謝異常，先天性奇形，乳幼児期の虚血，感染症などがある。

　特発性てんかんはてんかん症候群（症候性てんかん）のような明らかな医学的原因が不明なてんかんである。特発性とは「遺伝素因が推定される以外には明らかな，あるいは疑わしい病変がない」ことを意味する。遺伝子レベルでは明らかな遺伝子変異がみられるものを含まれるが，それ以外には病変がわからない場合に医学では「特発性」と呼ぶ。

疫学

　てんかんは人口の0.4～0.9％に起きる慢性の脳神経疾患で，日本には現在約100万人のてんかん患者がいると想定されている。

　てんかんの好発年齢は小児期と老年期である。てんかんというと子どもの病気というイメージが強いが，老年期になるとアルツハイマー病や脳血管性認知症などの頻度が高くなるため，症候性てんかんの頻度が高くなる。

13.2節 ‖ てんかん発作の国際分類

　てんかん発作の分類は，国際抗てんかん連盟（ILAE）による1981年の発作型分類が広く使われてきた。その後研究が進み，国際抗てんかん連盟は2017年に新しい分類を発表した（**図13.1**）。今後はこの分類が用いられることが増えるだろう。ただし，日常の臨床では従来のてんかん分類も使用されることが多い。本書では，国際抗てんかん連盟（2017）の分類をもとに解説するが，従来分類についても説明を加える。

　てんかん発作は大きく「焦点起始発作」と「全般起始発作」，「起始不明発作」の3つに分けられる（図13.1参照）。焦点起始発作は従来の部分発作と呼ばれてきた発作であり，脳の一部に興奮が生じて始まる発作である。全般起始発作（従来の全般発作）は脳の大部分または全体が興奮して生じる発作であり，起始不明発作は，どちらにも該当しない場合である（**図13.2**）。

A. 全般起始発作

　運動発作の有無により，全般運動発作と全般非運動発作に分けられる。

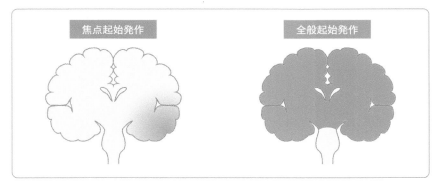

焦点起始発作		全般起始発作	起始不明発作

焦点起始発作

焦点意識保持発作	焦点意識減損発作

焦点運動起始発作
自動症発作
脱力発作
間代発作
てんかん性スパズム
運動亢進発作
ミオクロニー発作
強直発作

焦点非運動起始発作
自律神経発作
動作停止発作
認知発作
情動発作
感覚発作

焦点起始両側強直間代発作

全般起始発作

全般運動発作
強直間代発作
間代発作
強直発作
ミオクロニー発作
ミオクロニー強直間代発作
ミオクロニー脱力発作
脱力発作
てんかん性スパズム

全般非運動発作(欠神発作)
定型欠神発作
非定型欠神発作
ミオクロニー欠神発作
眼瞼ミオクロニー

起始不明発作

起始不明運動発作
強直間代発作
てんかん性スパズム

起始不明非運動発作
動作停止発作

分類不能発作

図13.1　ILAE2017年発作型分類
(出典：ILAEてんかん分類：ILAE分類・用語委員会の公式声明, p.4
http://square.umin.ac.jp/jes/images/jes-image/tenkanbunrui2017.pdf)

図13.2　焦点起始発作と全般起始発作

i）全般運動発作

強直発作：全身が硬直するけいれんで，意識を失う。発作中は呼吸が止まる，
　手合いをグッと突っ張る。発作中は全身が強直しているため呼吸が止まる。
間代発作：全身がガクンガクンとするけいれんのことである。通常，強直発
　作に続いて起こる。

強直間代発作<ruby>きょうちょくかんだいほっさ</ruby>：代表的な全般運動発作。前兆がなく急に意識をなくす。手足を突っ張り，唸り声を上げ，倒れる。その後，間代発作に移行する。つまり突っ張ってからカクカクする発作である。発作のあとは寝てしまうことが多い。場合によっては，発作後もうろう状態といって，もうろうとして動き回ることもある。

ミオクロニー発作：全身，あるは体の一部，特に四肢の筋肉がピクンとする発作である。手に何かを持っていれば，ピクンした時に物を飛ばしてしまうこともある。

脱力発作[2]：突然，筋肉の力が抜けてその場に崩れ落ちるように倒れる発作。失立発作ともいう。子どもに多く，歩いている時に起きると，突然視界から子どもが消えたように感じる。ミオクロニーに続いて脱力が起きる時はミオクロニー性脱力発作という。毎回，倒れ方が似ているため頭や顔の同じ場所に怪我をしやすい。そのような場合は外傷予防のために保護帽を装着する。

ii）全般非運動発作（欠神発作ともいう）

ぼーっとして，今までしていた動作が止まり，呼びかけても反応しなくなる。5秒から15秒程度で元の動作に戻る。短い発作なので周囲が気づかないこともある。子どもに多い発作で授業中にぼんやりすることで教師から叱責されることもある。

B. 焦点起始発作

焦点起始発作はawareness（自分と周囲を認識する能力）の有無により，**焦点意識保持発作**（従来の単純部分発作）と**焦点意識減損発作**（従来の複雑部分発作）に分けられる。

ここでawareness（意識）が保たれている状態とは，たとえ動けない状態であっても，発作中に自己と周囲の状態を把握していることを意味する。従来分類では意識が保たれている場合を「単純」部分発作，そうでない場合を「複雑」部分発作に分類していた。発作のどの段階でも意識が障害されたら「焦点意識減損発作」になる。

焦点起始発作は，起始時に運動症状があるかないかによって分類することもある。運動症状があるものを焦点運動起始発作，ないものを焦点非運動起

2　ナルコレプシーで生じる「情動脱力発作」とは別の発作である。混同しないこと。

始発作と呼ぶ。

　焦点運動起始発作は症状により自動症発作，脱力発作，間代発作，ミオクロニー発作などに細分類される。焦点非運動起始発作は自律神経発作，動作停止発作，認知発作，情動発作，感覚発作などに細分類される。

焦点意識減損発作（従来の複雑部分発作）

　焦点意識減損発作には，意識が曇るだけの発作と自動症（後述）を伴う場合がある。意識が曇るだけの発作は，それまで行っていた動作が止まり，ぼんやりとする。数分以内に終わることが多いが，発作終了後も行動が緩慢で適切に受け答えできないこともある。発作があったことに気づいていない。自動症とは，本人の意思とは無関係に体を動かすことで，舌舐めずりや口をもぐもぐする，衣服の端をつまんだり，ボタンを外そうとしたりといった動作をする。時には，普段慣れている作業（洗濯物を畳むなど）の動作をしたり，外を歩き回ることがある。

焦点非運動起始発作の分類

自律神経発作：腹部の不快感，嘔吐したい感覚，驚いた時のような胸の締め付け，鳥肌がたつなどの自律神経症状を主体とした発作である。本人，家族，時にはカウンセラーのような支援者もてんかんとは思っていないことが多い。

動作停止発作：動作が一時的に停止する発作。

認知発作：ある考えが突然浮かんできたり，周囲の状況が変化したように感じる発作。

情動発作：不安，恐怖，怒り，恍惚感などの感情が生じる発作。

感覚発作：急に眩しさを感じたり，幻視，変な音が聞こえる，奇妙な臭いがするなどの感覚の異常を感じる。

　脱力発作，間代発作，ミオクロニー発作，強直発作などのように，焦点起始発作と全般起始発作のどちらもありうるタイプの発作もあることに注意する。

C. 重責発作

　これは上述のてんかん発作の分類とは異なる次元の概念で，てんかん重責

状態ともいう。発作型を問わず，ある発作が短い間隔で繰り返し出現し（多くは30分以上），発作間欠時（発作を起こしていない時期のこと）にも意識障害が持続する状態である。発作のあとで十分に回復しないままに次の発作が来る。状況によっては死の転帰をとることもある。

　てんかんの診断は問診から始まる。一般の疾患と同じように家族歴や病歴を聞いていくが，てんかんの診断に絶対的に必要なのは「発作の有無」と「発作時の状態」を確認することである。

　てんかんの医学的検査で重要なのは脳波検査である。脳波は脳の中で起きている電気的活動であり，脳波を増幅して視覚化したものが脳波検査である。てんかん発作は脳細胞の過剰な放電であるから，発作時の脳波には異常が現れる。脳は検査以外にもMRI，CTなどの画像検査，SPECTで脳の血流や代謝の変化を確認する。MRIとCTは脳の構造の変化を調べる検査である。てんかんは脳腫瘍や脳血管疾患，脳奇形などが原因で生じるため，そのような脳病変の有無や程度をチェックするために実施される。SPECTは静脈内に少量の放射性同位元素を注射し，それが脳に達した状態を測定し，画像化する検査で，てんかんによる脳機能の変化による脳血流や代謝の変化を測定する。

治療

　てんかんの治療目標は発作を抑制するとともに，患者の生活の質（QOL）を維持することである。生活指導，薬物療法が主要な治療法である。てんかん患者の約80％が薬物によって発作が完全に抑制される。薬物療法の効果が十分でない場合は薬物抵抗性てんかんと呼ばれ，外科的治療がなされることもある。

　正確な診断に基づく薬物療法が重要かつ効果的であるが，薬物療法は長期にわたる。患者によっては生涯にわたって抗てんかん薬が必要なことも少なくない。安易に薬物中断をすると，重責発作を来し死に結びつくので注意が必要である。

13.4節 ‖ てんかん発作時の対応

　医師がてんかん発作を目撃することは多くない。また，患者自身は意識障害などのためにてんかん発作時の様子をきちんと説明できないことが多い。心理職などの専門家が発作を目撃した時には，正確に発作の状況を把握し治療に必要な情報を収集することと，目の前の患者が怪我などをしないように適切に介助することの2つに役割が求められる。まず，気を落ち着かせ，冷静になること，騒ぎ立てないことが重要である。てんかん発作は，ほとんどの場合1～2分で自然に停止するので焦りすぎないようにして，発作を記録するためによく観察する。スマホなどで撮影するのも有効である。5分以上発作が続くとき（前述の重責発作）は救急車を呼ぶが，それ以外の場合は呼ぶ必要のないことの方がずっと多い。

　発作全般について，発作中，直後の注意点は以下の通りである。発作中は騒がず注意深く見守るのが大切であり，体をゆする，大声をかける，叩く，押さえつけるのは厳禁である。口を無理にこじ開けて指や箸，スプーン，ハンカチなどを入れるのは口の中を傷つけたり，歯を折ったりして嘔吐を誘発するので絶対に避ける。発作が終わった直後の意識が曇っている状態では水や薬を飲ませないことも注意する。無理に飲ませると誤飲しやすく窒息や嘔吐の原因になる。

　以下，発作時の介助の方法を，頻度の多い全般運動発作，自動症発作，脱力発作について説明する。

i) 全般運動発作の介助

　全般運動発作は，激しいけいれんのために椅子などから転げ落ちたりすることがある。そのため発作の本人の安全を確保することが優先される。危険な物・場所の近くから遠ざけて，本人がけがをしないように気を配る。さらに，衣服の襟元をゆるめ，ベルトをはずす。大事なことは箸や指，スプーンなどを口に入れないことである。非常に強く歯を食いしばるので危険である。けいれん発作がおさまったら顔を横に向けて呼吸がもとに戻るのを待つ。

　意識が回復するまでそのまま静かに寝かせる。発作後に嘔吐する場合があり，吐いたものを誤って飲み込み，窒息する危険性に注意する。仰向けのままにしないで体を横に向けるのは，吐いたものを飲み込んでしまうことを避けるためである。嘔吐物を飲み込むと嚥下性肺炎になり危険である。

ii）自動症発作の介助

　自動症発作の場合は通常けいれんはないが，数分間意識が曇ってあちこちを歩き回ったりする，一見目的にかなった動きを示す。本人には意識がないので，無理にその行動を制止しない。抑制の方法によっては，強く抵抗されることがある。また，意識がもうろうとする発作では，始まりと終わりがはっきりしない場合が多い。意識が回復するまで，一定の距離を保っててんかんのある人とともに移動し，もし，周囲に危険なものがあれば取り除き，注意深く回復を待つ。

iii）脱力発作の介助

　脱力発作の場合は急に崩れるように倒れ怪我をしやすい。発作が繰り返し起きている期間には，眼の届かない場所に一人にしないで歩行するときはできるだけ手をつなぐ。繰り返し頭を打つ場合には保護帽（ヘッドギア）の着用も考慮する。

13.5節 てんかんへの心理職の関与

　知的能力障害・自閉スペクトラム症・認知症などは，てんかんを合併しやすく，神経心理学的評価を行う。また一部のてんかん患者では粘着性（回りくどく，細部にこだわる），爆発性（起こりっぽい，衝動的）などの性格変化があり，アセスメントが必要になる。発作間欠期に抑うつ状態，さまざまな心理社会的問題がある。そのような問題に心理職としてアプローチする。

13.6節 心因性非てんかん発作

　近年，心因性非てんかん発作（psychogenic nonepileptic seizures：PNES）が注目されている。突然発症し一過性の運動・感覚・認知・情動における機能障害で，精神的な原因で起こると考えられている。てんかん発作に似たような症状が起きるが，脳細胞の過剰な電気的放電はなく，したがって真のてんかん発作ではない。この診断名は「てんかん発作に似た症状」に注目した診断名であり，一般的な精神医学診断としては転換性障害あるいは解離性障害に相当する。てんかん発作との鑑別が難しく，てんかんと誤診され，不必要な抗てんかん薬の投与の対象となることが問題になっている。

A. 疫学

　10万人あたり2～33人，小児から30歳代に好発し，女性に多い。PNESの発症因子として性的・身体的虐待などの心理的トラウマ，頭部外傷，身体的合併症などがあり，小児期発症のPNESではいじめや学業上の問題，両親の不仲などが挙げられるが，実際には特定できないことも多い。

B. 特徴

　PNESの特徴を真のてんかん発作と対比すると，①てんかん発作の大部分が1分以内に消失するのに対し，PNESでは大部分が30分以上継続する，②てんかん発作は開眼していることが多いのに対して，PNESでは発作中閉眼していることが多い，③両側性（体の左右両側という意味）のけいれん発作にもかかわらず，呼びかけに反応したり発作時の記憶がある（てんかん発作でもタイプによっては意識があるが，両側性のけいれんがあるのに意識があるてんかん発作は普通はない），④発作後に速やかに意識がクリアーになり，頭痛や倦怠感がない（てんかん発作では発作終了後寝てしまったり，しばらく意識が曇っていること，発作後に頭痛や倦怠感が生じることが多い），⑤発作中に泣いたり吃音がある（てんかん発作ではこのようなことはない）。

　このように真のてんかん発作とは異なる点も多いが，実際には鑑別が難しい時もある。注意が必要なのは，真のてんかん発作があるてんかん患者にも，PNESが生じることもある。同じ患者がてんかん発作とPNESの2つのタイプの発作をもっているわけである。注意するのは「心因性非てんかん発作」は心因性ではあるが，「わざとやっている」のではない。患者自身にとってはてんかん発作もPNESも辛い体験であり支援が必要である。

C. 治療

　診断が確定すればてんかん発作ではなく，抗てんかん薬は有効でないことを説明する。多くの場合，患者はそう告げられると，わざとやっていると思われるのではないかと不安になる。そこでわざとではないこと，専門的な治療が必要であることを説明し，ストレスを軽減するような環境調整を行う。合併する抑うつや不安を治療し，認知行動療法を行うこともある。

参考文献
日本神経学会. てんかんとは.
　　https://www.neurology-jp.org/public/disease/tenkan_detail.html
ILAEてんかん分類：ILAE分類・用語委員会の公式声明. p.4.
　　http://square.umin.ac.jp/jes/images/jes-image/tenkanbunrui2017.pdf

練習問題

問　突然の動作停止後にぼんやりとなり，口をもごもご動かしながら舌なめ
ずりをして，自分の服をまさぐる動作が数分間みられる状態が月に数回あり，
この状態があったことを覚えていない。この状態について，最も適切なもの
を1つ選べ。（平成30年度　第1回公認心理師試験　追試　問101）
①せん妄　　　　　　②解離症状　　　　　③欠神発作
④単純部分発作　　　⑤複雑部分発作

第14章 薬物療法とその基礎

本章では，精神科治療で重要な役割を担う薬物療法について解説する。薬物療法を理解するために必要な最低限の脳の生理学やミクロの解剖学の知識を身につけることも目標にする。精神に作用する薬物の多くは「シナプス間隙」を舞台にして作用する。ニューロンとシナプス，神経伝達物質などの用語を整理して理解しておこう。

14.1節 ニューロンとシナプス

ニューロンは軸索という突起を伸ばして他のニューロンに情報を伝える。軸索の末端はこぶ状に膨らんだ形をしており，「シナプス」と呼ばれる。シ

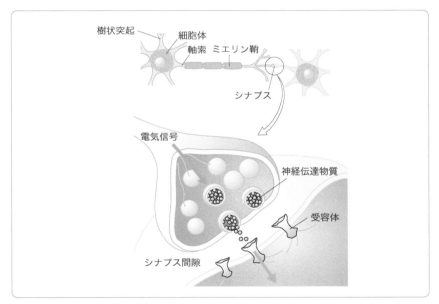

図14.1 ニューロンとシナプスの構造
神経細胞（ニューロン）は細胞体とよばれる細胞の中心部と，そこから伸びている細い神経線維から構成される。神経線維は情報を送るための細長い電線のような組織（軸索）と，情報を受け取る部分（樹状突起と呼ばれる）がある。軸索の周りには鞘のように膨らんだ部分があり，ミエリン鞘あるいは髄鞘と呼ばれる。このミエリン鞘は情報を素早く伝えるための構造である。

ナプスは次の神経細胞と密着しているのではなく，数万分の1mmほどのすき間（シナプス間隙）がある。シナプス間隙の伝達にかかる時間は，0.1〜0.2ミリ秒[1]ほどである。シナプスでは神経伝達物質（ニューロトランスミッター，あるいはトランスミッター）という物質で情報をやりとりする。脳では軸索は電気信号で情報を伝え，シナプスでは神経伝達物質で情報をやりとりすることで機能する。

14.2節 ‖ 神経伝達物質

　神経伝達物質は脳の神経細胞が作り出す化学物質で，脳内のどの部位の神経細胞かによって，使われる神経伝達物質が異なる。100種類以上ある。

　受け手側のニューロンを興奮（活発にすることを「興奮」という）させる物質を興奮性，その逆に抑制する場合を抑制性の伝達物質と呼ぶ。興奮と抑制という，相反する性質をもつ神経伝達物質のバランスが保たれることで，脳は健全に機能する。

　神経伝達物質は，後述するグルタミン酸やGABAなどのアミノ酸類とドパミンなどのモノアミン類に分類される。モノアミンとは，構造式中においてアミノ基が1つ（モノとは1つという意味）であるためそう呼ばれる。これらの神経伝達物質は脳や身体のさまざまな部位で作用する。それぞれ作用する部位の広さや作用するスピードなどに違いがある。それぞれの神経伝達物質が，どの部位で過剰あるいは不足するかによって，多様な影響を脳や身体に与える。また，1つの物質の作用は1つとは限らず，さまざまな作用がある。神経伝達物質は，脳にだけ作用するわけではない。例えばアドレナリンは気管を広げる効果があるので喘息に，アドレナリンは血圧を上げる効果があるので昇圧剤として使用することもある。

　アミノ酸類の神経伝達物質には興奮性のグルタミン酸，抑制性のγ-アミノ酪酸（GABA），グリシンがある。グルタミン酸は神経細胞を興奮させる代表的な物質で海馬とのかかわりが深く，記憶に役立つ。GABAは神経細胞を抑制させる代表的な物質であり，不安を抑え，睡眠を促す。

　モノアミン類にはノルアドレナリン，アドレナリン，ドパミン，セロトニンなどがある。

1　ミリ秒＝1/1000秒

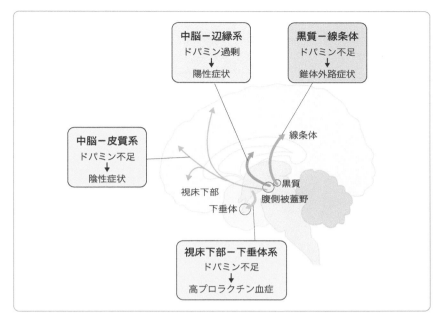

図14.2　ドパミンのさまざまな作用機序

　ノルアドレナリンは情動や覚醒，感覚などに作用する。

　ドパミンは気持ちを緊張させたり興奮させたりする神経伝達で，物質報酬系や快感，意欲，学習，運動などに密接に関連している。統合失調症では中脳辺縁系でドパミン過剰が幻覚や妄想などの陽性症状と，中脳皮質系のドパミンの機能の低下が意欲減退，感情鈍麻と関係している（**図14.2**）。

　セロトニンは気分と関係が深く，SSRI（選択的セロトニン再取り込み阻害剤：Selective Serotonin Reuptake Inhibitor）は脳内でセロトニンの作用を強めることで抗うつ効果を発揮する。また統合失調症ではドパミン神経系とそれを抑制的に作用するセロトニン神経系とのバランスが崩れ，中脳皮質系におけるセロトニン系の働きのほうが優位になり，その結果，陰性症状が現れる（セロトニン仮説）という。

14.3節 ┃ 向精神薬

　主として精神に作用する薬を向精神薬と総称する。その薬が効果がある代表的な疾患（「適応疾患」と呼ぶ）によって分類することが多い。一般的に

は抗精神病薬，抗うつ薬，気分安定薬，抗不安薬，睡眠薬，抗認知症薬，ADHD治療薬，抗てんかん薬である。なお，抗てんかん薬の一部を気分安定剤として使用したり，抗うつ薬を強迫性障害に使用したり，血圧を下げる薬をADHDに使用したりというように，薬の種類と疾患が必ずしも1対1で対応するわけではない。

　向精神薬の種類は非常に多く，専門医でもすべての薬を覚えているわけではない。心理職にとって必要なことは，クライアントが服用している薬物が何なのか，それは何を目的に使用しているのか，その副作用は何かといった情報である。インターネットをはじめテレビや雑誌などには向精神薬の情報は溢れているが，その多くが信頼性のない情報である。

　薬物の効果や副作用を調べるには，「薬物名」プラス「添付文書」で検索すると信頼に足る情報が得られる。

　薬物療法は精神科臨床において重要な役割を果たしている。てんかんに対する抗てんかん薬は必要度が非常に高く，安易に減量したり中断したりするとてんかん発作が頻発し，最悪の場合は死に至ることもある。統合失調症に対する抗精神病薬の必要性も高い。家族，時には心理職による減薬の勧めでせっかく寛解していた症状が急激に悪化し，時には自殺企図に至る事例があることは，多くの精神科医が経験しているだろう。

薬理作用，副作用と有害事象

　薬理作用とは薬物が生体内で生理機能に与える影響のすべてを指す用語である。不安を減らすことを期待して抗不安薬を投与した場合には，不安が減ることも眠気やふらつきなどの副作用も薬理作用である。副作用とは広義には「主作用ではない作用」のことであり，狭義には「好ましくない薬の作用」である。不安を軽減するために抗不安薬を処方した場合に，筋弛緩作用により肩こりが軽減したら，肩こりが軽減することは好ましい作用だが，期待した主作用ではないので広義の副作用に相当する。一方，不安はおさまったが，眠気が強く仕事にならなければ，眠気は好ましくない薬理作用なので狭義の副作用である。いずれにしても，副作用は薬物の服用と因果関係が想定されている。

　有害事象は副作用とは別の概念である。有害事象とは薬物投与後に起きた望ましくない事象（出来事）であり，薬物との因果関係は問わない。例えば，抗不安薬の投与後に地震が起きて打撲して病院で治療を受けた場合「打撲」

は有害事象である。薬物の副作用かどうかはわからない。有害事象は副作用とは限らないが，患者や家族によっては副作用と捉えがちである。実際の臨床では有害事象なのか副作用なのか判然としないことはしばしば生じる。薬物には，それに応じた副作用があることを知っておくことが重要である。

薬物動態

　薬物動態とは薬物が体にどのように吸収，分布，代謝，排泄されるかの過程を示すものである。体内に投与された薬物は，消化管などから吸収され体内組織に分布し，酵素により代謝されて別の化合物などに変換され，最終的に排泄される。向精神薬を投与した場合，薬物は脳にだけ届くわけではなく心臓や消化管などにも影響を与える。また，内科薬を一緒に服用している場合やカフェイン・アルコールなどの嗜好品や一部の食品なども，向精神薬の吸収や代謝に影響を与える。精神科医はこれらの影響を考慮して薬物の種類や投与量を検討している。

A. 抗精神病薬

i）作用と種類

　主として統合失調症に用いられ，幻覚や妄想に効果がある（これを抗幻覚妄想作用と呼ぶ）。鎮静作用もある。鎮静はイライラや興奮といった神経系の過活動を抑制することであり，興奮が強い患者に対して診断にかかわらず投与することがある。老人のせん妄にも使われる。また，チック症の子どもや成人は幻覚も興奮もないのが普通だが，チック症を軽快する効果がある。

　抗精神病薬を**定型抗精神病薬（第1世代抗精神病薬）**と**非定型抗精神病薬（第2世代抗精神病薬）**と分類する。

　古くからある定型抗精神病薬であるフェノチアジン系やブチロンフェノン系[2]の薬物は，中脳辺縁系のドパミン受容体を遮断することにより効果を発揮する。代表的な薬物にはハロペリドール（セレネース®），クロルプロマジン（ウインタミン®）などがある。

　定型抗精神病薬では副作用の頻度が高いことから，その出現が少なく新しく開発された薬物を非定型抗精神病薬と呼ぶ。非定型抗精神病薬はドパミン

2　フェノチアジンもブチロンフェノンも化学構造式を基準にして命名されている。例えばフェノチアジン系の薬はフェノチアジン環という構造を共通してもっている。

受容体遮断作用に加えてセロトニン2型（5-HT2）受容体遮断作用をもつことが特徴であり，セロトニン・ドパミン遮断薬（serotonin-dopamin antagonist：SDA）とも呼ばれる。代表的な薬物にリスペリドン（リスパダール®），パリペリドン（インヴェガ®）がある。

　ドパミン神経の伝達が過剰のときは遮断薬として，低下のときは刺激薬として作用する薬物をドパミン部分作動薬（dopamin system stabilizer：DSS）という。アリピプラゾール（エビリファイ®）が代表的である。

　多元受容体作用抗精神病薬（Multi-Acting Receptor-Targeted Antipsychotics：MARTA）はドパミン受容体を含む多くの受容体を遮断することにより，症状を和らげる。オランザピン（ジプレキサ®），クエチアピン（セロクエル®）などがある。

ii）副作用

　パーキンソン症状，アカシジア（身体がソワソワ・ムズムズしてじっとしていられない状態），急性ジストニア[3]，遅発性ジスキネジア[4]などの錐体外路症状（p.12参照）の頻度が高い。さらに起立性低血圧，口渇，便秘，イレウス[5]，食欲増加，体重増加，高プロラクチン血症[6]などがみられる。また，抑うつ，無関心，不機嫌，集中困難など，メンタル面への副作用もある。抗精神病薬は一般にアセチルコリンの作用を遮断する作用がある。アセチルコリンは唾液の分泌や消化管の動きを活発にする作用があるため，その活動が妨げられて口渇や便秘などが生じる。

　頻度は低いが重篤（じゅうとく，重大なという意味）な副作用に悪性症候群がある。非定型抗精神病薬では体重増加・糖尿病の悪化のリスクに注意する。

3　急性ジストニア　持続的に筋肉が収縮する状態，体の一部が「つっぱる」ようになり，そのまま動きづらくなる状態が続く。
4　遅発性ジスキネジア　ジスキネジアは大脳基底核の障害で出現すると考えられる，奇妙な動きを指す。口の周りをモグモグ動かすような症状が典型的で，薬物投与後しばらくして生じる。
5　イレウス　腸の動きが悪くなり，食物などが止まってしまう状態をいう。腸閉塞と同じ意味。
6　高プロラクチン血症　プロラクチンは乳汁分泌刺激ホルモンとも呼ばれ，母乳を出すためのホルモンである。通常は授乳期間中に増加する。高プロラクチン血症になると授乳期間中でなくても乳汁が出るようになり，月経も止まる。

B. 抗うつ薬

i）作用と種類

　抗うつ薬の主な作用は，意欲低下と抑うつ気分の改善である。うつ病の要因の1つとして**モノアミン欠乏仮説**がある。モノアミン（セロトニンやノルアドレナリンなどの神経伝達物質）の欠乏がうつ病の原因であるという考え方で，抗うつ薬はモノアミンの量を増やすことで症状を緩和しようとする。

　抗うつ薬は，作用する神経伝達物質の種類や作用機序によって，**モノアミン再取り込み阻害剤，SSRI（選択的セロトニン再取り込み阻害剤），SNRI（セロトニン・ノルアドレナリン再取り込み阻害剤），NaSSA（ノルアドレナリン・セロトニン作動性抗うつ薬）**などに分類する。古くからあるモノアミン再取り込み阻害剤は，その化学構造から三環系・四環系抗うつ薬ともいわれる。**表14.1**に代表的な抗うつ薬を挙げる。

　抗うつ薬はその名の通り，うつ病，うつ状態に用いられるのはもちろんだが，それに限らず，強迫性障害，パニック障害，社会恐怖，摂食障害，慢性疼痛，抜毛症などのような多くの状態にも用いられる。三環系抗うつ薬に属するクロミプラミン，イミプラミンは，夜尿症やナルコレプシーのレム睡眠関連症状に有効である。SNRIの1つであるデュロキサチン（サインバルタ®）は，うつ病・うつ状態の他に糖尿病性神経障害に伴う疼痛，繊維筋痛症に伴う疼痛に対して保険適応がある。

　抗うつ薬は即効性はなく，効果発現には1～3週必要である。症状が改善

表14.1　主な抗うつ薬

	例
三環系抗うつ薬	アミトリプチリン（トリプタノール®） クロミプラミン（アナフラニール®）
四環系抗うつ薬	ミアンセリン（テトラミド®）
SSRI（選択的セロトニン再取り込み阻害剤）	フルボキサミンマレイン酸塩（デプロメール®, ルボックス®）
SNRI（セロトニン・ノルアドレナリン再取り込み阻害剤）	ミルナシプラン塩酸塩（トレドミン®）
NaSSA（ノルアドレナリン・セロトニン作動性抗うつ薬）	ミルタザピン（リフレックス®, レメロン®）

しても数ヶ月は抗うつ薬を減量しないで使うことが推奨されている。

ii）**副作用**

　抗うつ薬の副作用として，眠気，起立性低血圧，口渇，便秘，悪心，嘔吐，尿閉，性機能障害などがある。

　SSRIなどの抗うつ薬で注意すべき副作用として，賦活症候群（アクティベーション・シンドローム）がある。これは，抗うつ薬を開始した早期（多くは2週間以内）や薬を増量した時に不眠，不安，焦燥，過敏，易刺激性（ちょっとしたことで怒るなど敏感に反応すること），敵意，衝動性，アカシジア，軽躁・躁状態などの症状が出現するものである。児童・青年期ではSSRIによって自殺の危険が高まることが議論されている。つまり，抗うつ薬服用中の患者が敵意や攻撃性を剥き出しにしたり，自傷行為がみられた場合には，抗うつ薬の副作用であることを考慮した方がよい。また焦燥，反射亢進，ミオクローヌス（筋肉のけいれん），発熱，発汗などの症状が出現することがあり，セロトニン症候群という。そのような場合は服薬中止が必要になる。

C. 気分安定薬

i）**作用と種類**

　気分安定薬は，抑うつ状態と躁状態を繰り返す双極性障害に対して使用される。主な作用は抗躁効果と双極性障害の再発予防効果であるが，双極性障害のうつ状態にも有効である。リチウム，カルバマゼピン，バルプロ酸，ラモトリギンが使用される。抗精神病薬も躁状態の患者を鎮静するために使用されるが，気分安定薬は鎮静催眠作用はなく，躁病に特異的に働くことが特徴である。

ii）**副作用**

　リチウムは血中濃度が上がりすぎると運動失調，構音障害，意識障害を来すため，血中濃度を測りながら使用する。また催奇形性（胎児の奇形を来しやすいこと）があるため妊娠中は避ける。カルバマゼピンの副作用として顆粒球減少症，再生不良性貧血，皮疹，稀ではあるがスティーブン・ジョンソン症候群[7]がある。バルプロ酸は肝機能障害と催奇形性に注意が必要で，ラ

7　皮膚粘膜眼症候群とも呼び，高熱や全身倦怠感，口唇・口腔，眼，外陰部などを含む全身に皮膚症状が出現する疾患。

モトリギンはスティーブン・ジョンソン症候群や中毒性表皮性壊死融解症などの皮膚疾患に注意する。

D. 抗不安薬

　抗不安薬の多くはベンゾジアゼピン系と総称される。これらの薬物はGABA-A受容体（ベンゾジアゼピン結合部位）を刺激することで効果をもたらす。ベンゾジアゼピンには主に2つの受容体があり，オメガ1受容体（ω1）は催眠作用，ω2受容体は抗不安作用や筋弛緩作用，抗けいれん作用に関係している。ベンゾジアゼピン系の薬物は抗不安作用，鎮静催眠作用，筋弛緩作用（筋肉の緊張を和らげる作用），抗けいれん作用の4つをセットでもっている。そのうち催眠作用の強い薬を睡眠薬，抗不安作用の強い薬を抗不安薬と呼ぶ。抗けいれん作用の強いものは抗てんかん薬としても用いる。ベンゾジアゼピン系薬物は即効性があることが特徴で，不安・緊張に広く使われる。副作用として眠気と健忘，めまい，ふらつきなどがある。ふらつきは筋弛緩作用のためである。最近では依存性が大きな問題になっており，安易な使用に対して批判が強い。

E. 睡眠薬

i）作用と種類

　睡眠薬は不眠に使用されるが，不眠の原因は多岐にわたり（9章参照），眠れないからという訴えのみで睡眠薬を処方することは本来あってはならないことである。最も代表的な睡眠薬は，前述のようにベンゾジアゼピン系睡眠薬であり，皮質に含まれるGABA受容体にあるベンゾジアゼピン結合部位に結合することにより，興奮を和らげる。

　副作用として健忘，服用後のもうろう状態に注意が必要である。特に大量服用やアルコールとの併用で健忘が出現しやすく，アルコールと併用してはいけない。

　多くの薬物があるが，基本的に血中半減期を基準に超短時間型，短時間型，中間型，長時間型などに分類する。短時間型は寝つきの悪い入眠障害型，長時間型は早朝覚醒や熟眠障害に用いる。

　非ベンゾジアゼピン系の薬物には，メラトニンの分泌を促すメラトニン受容体作動薬（ラメルテオン®，ロゼレム®），オレキシン受容体拮抗薬のベルソムラ®がある。これは覚醒状態があるときに働いているオレキシンという

物質の働きをブロックする薬物である。

ii）非ベンゾジアゼピン系薬

　ベンゾジアゼピン受容体のより眠りに関連が強い部位（ω1受容体）に選択的に作用する。催眠作用が最も強く，その他の作用は弱いため，転倒などのリスクがある高齢者に対して処方される。

表14.2　不眠治療に用いられる主たる睡眠薬リスト

分類	一般名	商品名	作用時間	半減期（hr）	用量（mg）
メラトニン受容体作動薬	ラメルテオン	ロゼレム	超短時間作用型	1	8
非ベンゾジアゼピン系	ゾルピデム	マイスリー	超短時間作用型	2	5〜10
	ゾピクロン	アモバン		4	7.5〜10
	エスゾピクロン	ルネスタ		5〜6	1〜3
ベンゾジアゼピン系	トリアゾラム	ハルシオン		2〜4	0.125〜0.5
	エチゾラム	デパス	短時間作用型	6	1〜3
	ブロチゾラム	レンドルミン		7	0.25〜0.5
	リルマザホン	リスミー		10	1〜2
	ロルメタゼパム	エバミール ロラメット		10	1〜2
	ニメタゼパム	エリミン	中間作用型	21	3〜5
	フルニトラゼパム	サイレース		24	0.5〜2
	エスタゾラム	ユーロジン		24	1〜4
	ニトラゼパム	ベンザリン ネルボン		28	5〜10
	クアゼパム	ドラール		36	15〜30
	フルラゼパム	ダルメート	長時間作用型	65	10〜30
	ハロキサゾラム	ソメリン		85	5〜10

（出典：厚生労働科学研究・障害者対策総合研究事業, 2013）

F. 抗認知症薬

　アルツハイマー病（11章参照）はタウタンパク質という特有のタンパク質が脳に蓄積する疾患で，タウタンパク質がたまらないようにする薬が開発されれば予防や治癒が可能になるが，現在はまだ成功していない。そこで，脳認知症の中核障害である，注意障害，健忘などに対する対症療法的な治療薬として，コリンエステラーゼ阻害薬とグルタミン酸受容体拮抗薬がある。「治療薬」と説明すると，これらの薬物により認知症が治癒するように誤解されることがあるが，治癒ではなく症状の進行をある程度遅らせる効果があるとされている。これらの薬物は症状が進行してからでは効果が乏しく，早期発見・早期治療が重要である。

　アルツハイマー病に対して，ドネペジル，ガランタミン，リバスチグミンの3種類が使われている。これらは，いずれもコリンエステラーゼ阻害剤である。コリンエステラーゼはアセチルコリンを分解する酵素である。コリンエステラーゼ阻害剤はアセチルコリン分解酵素阻害剤ともいう。アセチルコリンは記憶に関係した神経伝達物質であり，アルツハイマー型認知症では低下している。脳細胞が萎縮してアセチルコリンを作るのが困難な脳細胞に，アセチルコリンの分解を遅らせることで記憶を保とうとするのがコリンエステラーゼ阻害剤である。グルタミン酸も記憶と関係しており，アルツハイマー型認知症ではグルタミン酸神経系が過剰反応をしており，それによって認知症が悪化する。**グルタミン酸受容体拮抗薬**はグルタミン酸神経系に作用して効果を挙げると考えられている。日本ではグルタミン酸受容体拮抗薬のうちメマンチンという薬物が使用できる。

　レビー小体型認知症にはドネペジルが使用される。

G. ADHD治療薬

　ADHDでは脳内でドパミンやノルアドレナリンなどの神経伝達物質の機能異常がみられる。現在，ADHDに国内で認可されている薬物は，コンサータ®（メチルフェニデート）[8]，ビバンセ®（リスデキサンフェタミンメシル酸塩），ストラテラ®（アトモキセチン），インチュニブ®（グアンファシン），

8　コンサータの化学名はメチルフェニデートである。コンサータはメチルフェニデートを特殊な材質で覆って体内でゆっくりと溶けるように加工されており，メチルフェニデートが徐々に放出されるように作られている。このような薬物を徐放錠と呼ぶ。ADHD治療薬については商品名を先に記載し，化学名をカッコ内に記載した。

の4種類である。これらはドパミンやノルアドレナリンの濃度を神経間隙で増加させることで治療効果を発揮すると考えられている。

コンサータ®（メチルフェニデート）は即効性があるが，不眠・食欲不振などの副作用が生じやすい。ストラテラ®（アトモキセチン）は効果発現まで時間がかかる。インチュニブ®（グアンファシン）はもともとは高血圧の人の血圧を下げる薬なので血圧の副作用があり，眠気も生じやすい。なお，コンサータ®とビバンセ®は覚醒剤類似の作用があるため特定の医師や薬局でしか処方できないように規制されている。

H. 抗てんかん薬

てんかんは神経細胞が過剰に興奮することによって発作が起きる疾患であり（13章参照），神経細胞の過剰放電を抑制するのが抗てんかん薬である。てんかん発作をコントロールするために用いられる。発作のタイプによって使用する薬物がある程度異なる。よく使用される薬物にバルプロ酸ナトリウム，カルバマゼピン，フェニトイン，ガバペンチン，ラモトリギンなどがある。抗てんかん薬の多くは長期間にわたって使用する。また多くの場合，眠気やだるさなどの副作用が出現する。副作用のために抗てんかん薬を拒否する患者や保護者もいるが，てんかん発作のタイプによっては命に関わる疾患であり，安易に服薬を中断すると最悪の場合，重積発作によって死亡することもあるので注意が必要である。

練習問題

問1　副作用としてアカシジアを最も発現しやすい薬剤について，正しいものを1つ選べ。（平成30年度　第1回公認心理師試験　問104）

①抗うつ薬　　　　②抗不安薬　　　　③気分安定薬
④抗精神病薬　　　⑤抗認知症薬

問2　選択的セロトニン再取り込み阻害薬〈SSRI〉の副作用として，適切なものを2つ選べ。（平成30年度　第1回公認心理師試験　追試　問57）

①心房細動　　　　②排尿障害　　　　③悪心・嘔吐
④賦活症候群　　　⑤起立性低血圧

参考文献

American Psychiatric Association, 染矢俊幸, 神庭重信, 尾崎紀夫, 三村　將, 村井俊哉訳, 日本精神神経学会監修. (2014). DSM-5精神疾患の分類と診断の手引. 医学書院.

厚生労働科学研究・障害者対策総合研究事業. 睡眠薬の適正な使用と休薬のための診療ガイドライン. 2013. p.36. http://jssr.jp/files/guideline/suiminyaku-guideline.pdf

ICD-10 精神および行動の障害－臨床記述と診断ガイドライン. 2005. 医学書院.

Karpur, A., Vasudevan, V., Shih, A., & Frazier, T. (2021). Brief Report: Impact of COVID-19 in Individuals with Autism Spectrum Disorders: Analysis of a National Private Claims Insurance Database. J Autism Dev Disord. doi:10.1007/s10803-021-05100-x

章末練習問題の解答と解説

序章

　軽症うつ病は内科医などのかかりつけ医が治療を担当することが推奨されることがある。内科医がどこまで担当するかについては議論があり，決定的な基準はないが，選択肢からみると重度の症状を2つ選ぶと自殺念慮と改善しない抑うつ症状の2つを選ぶしかない。不眠や体重減少，心理的原因による抑うつ症状は非常に多い症状であり，この段階で精神科医に紹介すると内科医がみるうつ病はほとんどないことになる。
正解：②と④

第1章

問1　Broca野は運動失語に，Wernicke野は感覚失語に関わる。また前頭連合野は思考や意欲に関わる。やや難しい点として，「情動」は大脳辺縁系と単純に覚えていると混乱するかもしれない。大脳辺縁系は情動のネットワークの中心だが，前頭葉は情動を伴う行動の制御をする。情動のままにヒトが行動すれば社会的問題が生じるので，それを抑制するのが前頭葉である。失読（字が読めない），失書（文字が書けない）は多様なタイプがあり，単純にどこの病変と決めることはできない。難しい設問に惑わされずに基本的な知識を身につければ解ける問題が多い。正解：①，⑤
問2　大脳辺縁葉が視床下部と共同して摂食，飲水，性行為などの本能や情動の中枢として機能すること，視床下部が自律神経とホルモンの情報をコントロールするホメオスタシス（恒常性）の中枢であることを知っていれば，「摂食行動の調節」に関与することがわかるだろう。正解：②

第2章

問1　知的障害の重症度はIQだけで開く，適応能力の程度も加えて判断する。正解：④
問2　ADHDには不注意優勢型，多動−衝動性優位型，混合型の3タイプがある。正解：④

第3章

問1　統合失調症の幻覚では幻聴が多いことに注意する。なお，幻覚は視覚，聴覚，

触覚，嗅覚などの，どの感覚でも生じることがある。正解：④

問2　②はうつ病に特徴的な貧困妄想，④は躁病に多い口調的な誇大妄想である。正解：①，③

第4章

　うつ病に特徴的な3大妄想である【心気妄想，貧困妄想，罪業妄想】を覚えておこう。迫害妄想，妄想気分，世界没落体験はいずれも統合失調症に多い症状である。正解：①，③

第5章

問1　パニック障害はパニック発作がメインの症状であり，本文中で説明したように広場などの「逃げられない状況」で生じる。社交恐怖や疾病恐怖を伴うこともあるが頻度は低い。正解：⑤

問2　DSM-5によれば，全般不安症の症状は次の6つのうちの3つである。それは①落ち着きのなさ，②疲れやすさ，③集中困難，④易怒性（いどせい），⑤筋肉の緊張，⑥睡眠障害である。易怒性の漢字の語感からは，とても怒りっぽい人のようなイメージをもつ人が多いだろうが，英語の原語はirritabilityであり，もう少し広範囲のイライラした状態を指す。実際には，抑うつも強迫念慮も生じることはまれではない。この質問は，「DMS-5の」と断っているのでDSMの診断基準を覚えているかどうかを問う問題なのだろう。臨床経験のある人の方が難しい問題かもしれない。正解：①，⑤

第6章

問1　EMDR（Eye Movement Desensitization and Reprocessing：眼球運動による脱感作と再処理法）は，PTSD（心的外傷後ストレス障害）に対して用いられる心理療法の1つ。PTSDは，トラウマの後（post）に生じる障害なので，症状が1ヶ月以上続くことが診断の根拠になる。トラウマの後1ヶ月以内で症状がなくなる場合を急性ストレス障害（Acute Stress Disorder）という。正解：②

問2　言語的刺激の少ない環境で養育されると言語の発達が遅れることがある。言語的刺激の少ない環境で養育されると言語の発達が遅れることがある。古くはhospitalism（施設病）などともいわれ，施設で十分な言語刺激や対人刺激を受けずに育った子どもの言語や身長の伸びが乏しいことが問題になった。正解：①

第7章

問1 ①〜④はいずれも解離性障害でみられやすい症状である。外傷的記憶が生々しい時にその「記憶に踏み込んで」治療すると患者は不安定になりやすい。外傷的記憶を扱う治療方法は，外傷的記憶を話題にする前に心理教育などの準備を行う必要がある。精神科的問題では，いろいろなことが合併しうるので「ことがある」「場合がある」という設問は，「正しい」ことが多い。正解：⑤

問2 第1回試験の35問と非常に似た問題。交代人格が，自分が誰か第三者のように振る舞い，その間のことを覚えていない現象で，別の人格に「交代」してしまう現象である。小説や映画などでも取り上げられることが多く一般の人には有名だが，実際にはそれほど多いものではない。「解離性障害」では意識が飛ぶ状態になり，てんかんとの鑑別が非常に重要である。てんかんであれば薬物療法により軽快する可能性が非常に高いことや，治療をしないと命に関わることもあるからである。正解：④

第8章

問1 神経性無食欲症（神経性やせ症，拒食症などと同義）は致死率が高く，医療的な介入の必要性が高い。⑤の通り患者は体重低下を喜んでいるので，体重低下を心配する治療者や家族と敵対状態になりやすく，治療導入も難しい。入院治療では身体状態を改善することの優先度が高い。患者や家族によっては心理療法・カウンセリングに過度な期待を抱きがちであるが，それだけで十分な治療効果が得られることは少ない。正解：⑤

問2 リフィーディング症候群とは，長期間低栄養だった患者にre（再び），feed（食事を与える）ことにより生じる発熱，痙攣，呼吸不全などの症状を指す。重度の摂食障害の患者に生じることがあり，食物の摂取の際には入院により適切に栄養管理をする必要がある。正解：④

第9章

問1 サーカディアンリズム（恒常性）という用語を知っていれば，加齢による影響を受けることはわかるだろう。乳幼児や高齢者は寝る時間が長い。

睡眠相が遅延（後退）すれば，眠気は深夜や早朝に生じる。夕方から眠気が出て早く寝てしまえば睡眠相前進症候群である。

ノンレム睡眠とレム睡眠の時間は覚えていないかもしれないが，睡眠経過図が頭に入っていて成人では3周期から5周期くらいを繰り返すことを知っていれば，「ノンレム睡眠とレム睡眠の周期が45分」であれば7時間睡眠の人で10回も周期があるこ

とになり，おかしいと気づくことができる。メラトニンが夜間の睡眠で重要なことを知っていれば，日中の光刺激で減少することも正しいようだとわかる。時計中枢は視交叉上核にある（p.108参照）。正解：②

問2　むずむず脚症候群について，からだを動かしたくなることや，歩くことで軽快するという基本特徴を知っていれば，③は間違いだとわかる。夕方から夜間にかけて悪くなるのも特徴である。妊婦に多いかどうかは知らなくても，妊婦が鉄欠乏性貧血になりやすいことを知っていれば①が正しいと推測できる。SSRIや一部の睡眠薬はむしろ悪化させる。正解：①，②

第10章

問1　①は精神依存，②の離脱は物質が体内から減少する際に生じる。③の中毒は体の中にアルコールなどの物質があり，そのために現在なんらかの症状が生じている場合を指す。⑤はフラッシュバックである。乱用とは法律に違反した物質を摂取することであり，未成年が1回でもアルコールを飲めば定義上は乱用である。正解：④

問2　アルコールの離脱時には幻覚と運動不安を生じる。飲酒中断後に出現し頭痛や嘔吐などの自律神経症状や，けいれん，不安，焦燥，手指の震え（振戦）や小動物幻視などが現れ，患者は不安な状態になる。そのような状態をイメージできれば，過眠，徐脈，多幸などの「のんびりした状態」がありえないことがわかるだろう。正解：②，⑤

問3　①の「意思が弱い」などのような曖昧で不正確な表現は，精神医学などの科学では使わない。ギャンブル依存者は，自殺リスクが高いことや被虐待の経験が多いことがわかっており，病気として治療の対象にすることが大切である。パーソナリティ障害との併存は多く，自助グループの参加が代表的な支援方法の1つである。正解：④

第11章

問1　老年期うつ病はアルツハイマー病で鑑別すべき重要な疾患であり，①が正しい。④「具体的な幻視」や③「注意や明晰さの著名な変化を伴う認知の変動」があるのはレビー小体型認知症である。「うつ症状」はレビー小体型認知症の特徴でもあるが，アルツハイマー型認知症では見当識障害や近時記憶障害が生じる。正解：①

問2　せん妄は身体状態が悪化し，脳機能の不全をきたした時に生じやすい。性差はない，あるいは男性に多いという説があり一定しないが，リスク要因を議論するほど明らかな性差があるわけではない。いずれにしても②〜④は非常に明白なリスク要因である。正解：①

第12章

問1 正解：②

問2 この問題は，試験後に採点除外になった。③はDSM-5の記述と少し違っている。DSM-5では「反社会的な行為が起こるのは，統合失調症や双極性障害の経過中のみではない」になっているが，本問題では「のみ」が消えているからであろう。この記述はわかりにくいが，統合失調症や双極性障害の状態が悪い時にのみ反社会的行為が生じる場合は，統合失調症や双極性障害で説明がつくのでパーソナリティ障害と診断しないという意味である。

①の素行症の記載は15歳以前に発症なので間違い。素行症は他人の基本的権利を守らない，年齢に応じて要求される社会的ルールを守らないことが特徴である。つまり，反社会的パーソナリティ障害と診断するためには子どもの時から反社会的行為があったことが前提になる。②は正しくは15歳以降であり間違い。④はDSM-5には記載はないが，常識的には含まれないだろうと推測することになる。年齢が1歳違うなど，あまり本質的でないことを問う問題であり，できなくてもよい。わからない時は問題が不適切ということも多いので，こだわらずに適当に選択して別の問題に力を入れた方がよい。正解：⑤

第13章

この症状は典型的な複雑部分発作である。複雑部分発作は新しい分類では焦点意識減損発作と呼ばれる。この「複雑」とは意識障害があることを示しており，その意味では「焦点意識減損発作」の名称の方がわかりやすい。正解：⑤

第14章

問1 アカシジア（静坐不能ともいう）は抗精神病薬の副作用で，落ち着かなくイライラした状態になる。必須の知識なので覚えておくこと。正解：④

問2 SSRIの副作用としての賦活症候群は必須の知識。SSRIは嘔吐中枢に作用して悪心嘔吐をきたしやすいのも特徴。起立性低血圧や排尿障害はSSRIでも見られることがあり，薬の添付文書にもそのように記載されているが，頻度は少なく重要な副作用とはいえない。ネットなどで薬の情報を検索すると，ありとあらゆる副作用が書かれているがそれらを網羅的に覚えるのは不可能だし臨床的な有用性も低い。重要で頻度が多い副作用を覚えることが大切である。正解：③，④

索引

著者紹介

内山　登紀夫
大正大学心理社会学部　教授
よこはま発達クリニック　院長

NDC 140　　205 p　　21cm

公認心理師ベーシック講座　精神疾患とその治療

2022 年 3 月 8 日　第 1 刷発行

著　者	内山登紀夫	
発行者	髙橋明男	
発行所	株式会社　講談社	KODANSHA

〒112-8001　東京都文京区音羽 2-12-21
　　　　販　売　（03）5395-4415
　　　　業　務　（03）5395-3615

編　集　株式会社　講談社サイエンティフィク
　　　　代表　堀越俊一
〒162-0825 東京都新宿区神楽坂 2-14　ノービィビル
　　　　編　集　（03）3235-3701

本文データ制作　株式会社双文社印刷
カバー・表紙印刷　豊国印刷株式会社
本文印刷・製本　株式会社講談社

落丁本・乱丁本は，購入書店名を明記のうえ，講談社業務宛にお送り下さい．送料小社負担にてお取り替えします．なお，この本の内容についてのお問い合わせは講談社サイエンティフィク宛にお願いいたします．定価はカバーに表示してあります．

Printed in Japan

ISBN 978-4-06-517249-0